W0398477

VERBRECHEN AM FUSSBALL

MICHAEL BAHRS
mit BENJAMIN BEST

VERBRECHEN AM FUSSBALL

Meine Ermittlungen gegen den organisierten Wettbetrug

Koehler

Inhalt

7 Vorwort

von Oberstaatsanwalt Andreas Bachmann

9 Kapitel 1

Matchfixing – was ist das?
Das Milliarden-Business der Manipulation

23 Kapitel 2

Es begann mit einer Lüge –
mein Werdegang bei der Polizei

34 Kapitel 3

Die Sonderkommission Flankengott

64 Kapitel 4

Jeder ist käuflich

89 Kapitel 5

Wettpaten

119 Kapitel 6

Die FIFA

145 Kapitel 7

Der DFB

160 Kapitel 8

Der Weg nach vorn

Vorwort

von Oberstaatsanwalt Andreas Bachmann

»Nicht quatschen, handeln!« – so sind die Arbeit von Michael Bahrs und sein Enthusiasmus für das Thema Sportbetrug auf den Punkt gebracht. Dieses Buch ist deshalb so wichtig, weil es von einem »Macher« verfasst worden ist, der in der Materie arbeitet. Was bedeutet das? Er hört Telefonate ab, in denen Sportereignisse abgesprochen werden, er durchsucht die Wohnungen derjenigen, die ihr Geld mit dem Manipulieren von Wettkämpfen verdienen und verdienen wollen, und er nimmt sie fest. Eigenhändig. Er spricht mit den Betroffenen, den Opfern und Tätern, von Mensch zu Mensch. Ohne Vorbehalte und Schranken. Das kann er wie kaum ein Zweiter. Er ist dabei kein Polizeibeamter, sondern ein fragender Mensch, der wissen möchte: Aus welchem inneren Anlass wird jemand zum Straftäter, warum zerstört jemand den Sport oder lässt sich darauf ein? Meistens gelingt es Michael Bahrs, einen »Draht« zu den Betroffenen zu bekommen, er hört ihnen zu und die Beschuldigten merken, dass sich jemand für sie interessiert. Jetzt könnte man einwenden, das ist doch ganz normale Polizeiarbeit, das macht jeder Polizist genau so, was ist denn jetzt das Besondere?

Das Besondere ist, dass Michael Bahrs genau weiß, worum es geht, er tritt seinem Gegenüber mit offenem Visier gegenüber. Das bedeutet natürlich nicht, dass andere Polizisten gegenteilig arbeiten. Es heißt vielmehr, dass er sich in die Täter hineinversetzt, mit ihnen darüber auf Augenhöhe spricht, nicht vorverurteilt, sondern Informationen sammelt, er bekommt vielfach sogar Vertrauen geschenkt und gibt den Betroffenen das Gefühl, sich im Rahmen des rechtlich Möglichen für sie einzusetzen. Aber er zieht auch klare Grenzen und lässt diese nicht verwischen. Diese Umstände machen das Buch zu einer in Deutschland einzigartigen Quelle an Berichten über Sportbetrug, wie es dies bisher noch nicht gegeben hat. Wann hat jemand denn einmal zehn Jahre in diesem Bereich gearbeitet? Niemals zuvor hat es so etwas gegeben; daher hat Michael Bahrs viel zu erzählen, aus allen Bereichen, national und international, viele Geschichten erlebt, die alle bis auf den letzten Punkt und das letzte Komma genau so passiert sind. Er hat dazu beigetragen, dass Europas größtes Sportmanipulationsverfahren in den Jahren 2009 bis 2015 mit 17 Verurteilungen vor den Gerichten Bochums geendet hat, eine einzigartige Erfolgsbilanz.

Die mediale Öffentlichkeit giert bei entdecktem Sportbetrug nach namhaften Sportlern, die in der Öffentlichkeit bloßgestellt werden sollen. Dies spielt für den Strafverfolger nur eine untergeordnete Rolle. Viel wichtiger sind diejenigen Straftäter, die die Sportler verleiten, die, so die wörtliche Aussage eines in den Bochumer Prozessen Verurteilten, im Monat bis zu 1.000.000.- Euro einsetzen, um Wetten auf abgesprochene Ergebnisse zu platzieren. Dies sind die wahren Zerstörer des Sports, sie animieren die Sportler zu ihrem Handeln und nutzen deren Fehler schamlos aus. Auch dieses Bild wird in dem vorliegenden Buch bildhaft skizziert, so dass man manchmal den Kopf vor Unglauben schütteln muss und manchmal vor Abscheu vor der Skrupellosigkeit von Menschen. Michael Bahrs zeichnet diese Bilder und macht aus hochgelobten Sportlern, die in der Öffentlichkeit stehen, fehlbare Menschen. Ebenso bringt er die Unzulänglichkeiten der Strafverfolgung und das teilweise Desinteresse der betroffenen Sportverbände ans Licht. Den einen fehlen die Fachleute, und die anderen wünschen nicht, dass »ihre« Sportart im Licht der Öffentlichkeit negativ dargestellt wird. Dies alles macht es den Tätern leicht, aber das Spiel ist noch lange nicht zu Ende …

Kapitel 1

MATCHFIXING – WAS IST DAS? DAS MILLIARDEN-BUSINESS DER MANIPULATION

Es ist einer dieser Champions-League-Abende, irgendwann im Oktober des vergangenen Jahres: dritter Spieltag der Gruppenphase. Acht Spiele, und mit dabei sind die ganz großen Namen: Real Madrid, Bayern München, Manchester City und Juventus Turin. Natürlich geht es um Punkte für das Weiterkommen in das Achtelfinale. Doch die Fußball-Öffentlichkeit ist keineswegs elektrisiert von diesen Spielen. Woran liegt das? Kann es so etwas wie »zu viel Fußball« für Fans überhaupt geben? Oder spielt es eine Rolle, dass im internationalen Profifußball viel Geld und die Macht der großen Vereine etwas für den Sport Grundlegendes verändern? Die Entwicklung des Fußballgeschäfts im letzten Jahrzehnt hat vor allem einen Dreh- und Angelpunkt: die Maximierung der Erlöse. Aufgeblähte Fußball-Weltmeisterschaften, in bis zu vier Kalendertage zerstückelte Bundesliga-Spieltage, immer mehr Spieltage in den europäischen Vereinswettbewerben, dazu die Nations League der Nationalmannschaften und die Klub-WM. Worum geht es dabei eigentlich noch? Um sportliches Kräftemessen? Die Geschichten, die der Fußball schreibt, sind heute ganz andere: Der brasilianische Fußballprofi Neymar wechselt für 222 Millionen Euro vom FC Barcelona zu

Paris Saint-Germain. Eine Fußball-Weltmeisterschaft wird nach Katar vergeben. Investoren kaufen sich weltweit in den Sport ein und pumpen Milliardensummen in einzelne Mannschaften. FIFA-Präsident Gianni Infantino spricht gar von einem »25-Milliarden-Dollar-Deal«, will aber die Geldgeber nicht nennen.[1]

Dabei lebt aus meiner Sicht die Fußball-Leidenschaft immer noch von einer gewissen Romantik, vom Duell David gegen Goliath oder von sogenannten Derbys, wenn die regionale Nähe zweier Klubs Fußballanhänger und Einwohner gleichermaßen elektrisiert. Ich freue mich bei einem Fußballturnier auf Überraschungen. Auf das, was Sport im Allgemeinen ausmacht: Man weiß vorher nicht, wer am Ende gewinnt. Ich erinnere mich zu gern an die Europameisterschaft 1992, als »meine« Dänen den haushohen Favoriten Deutschland in Göteborg mit 2:0 besiegten und den Titel gewannen. Oder als die Isländer bei der EM 2016 im Achtelfinale England mit 2:1 niederkämpften.

Hat es tatsächlich noch mit sportlichem Wettkampf zu tun, wenn die ersten vier Mannschaften aus England automatisch an der Champions League teilnehmen dürfen, aber der schwedische oder dänische Meister noch in einer Qualifikationsrunde um die Teilnahme spielen muss? Rein sportlich gesehen ist das aus meiner Sicht nicht gerecht, wenn sich der Meister der einen (kleinen) Liga für die Teilnahme am europäischen Meisterwettbewerb noch gesondert qualifizieren muss, während der Dritt- oder Viertplatzierte der anderen (großen) Liga automatisch dabei ist, obwohl er gar keinen Titel gewonnen hat. Stattdessen werden die großen Klubs durch die ständige Teilnahme an der lukrativen Champions League immer vermögender, und die kleinen Vereine werden wirtschaftlich – und mittelbar auch sportlich – abgehängt. Auch die nationalen Ligen in Norwegen, Schweden oder anderen – aus fußballerischer Sicht »kleineren« – Ländern haben mit den Folgen zu kämpfen: Die Mannschaften, die an europäischen Wettbewerben teilnehmen und so mehr Geld einnehmen können, haben in ihren jeweiligen Ländern fast schon ein Abonnement auf den Meistertitel. Die Polarisierung schreitet somit immer weiter fort.

Man kann eigentlich nur zu folgendem Schluss kommen: Der Fußball ist aus den Fugen geraten, und Geld regiert die Fußballwelt. Ich möchte jetzt nicht den Moralapostel spielen, aber die Frage ist natürlich, was wollen wir am Ende des Tages haben? Denn eines ist klar, je mehr Geld im Fußball landet, desto attraktiver wird der Sport auch für Kriminelle. Und einer dieser Anlaufpunkte für die Organisierte Kriminalität ist der weltweite Sportwettenmarkt. Kein Experte kann mit Sicherheit sagen, wie viel Geld mit Wetten genau umgesetzt wird, aber mittlerweile, so sind sich alle Experten einig, sind wir bei über einer Billion Euro angekommen. Das ist die Zahl, die ich immer wieder aus verschiedenen Quellen höre. Eine unvorstellbare Summe, die gleichzeitig klarmacht, weshalb der Wettmarkt Verbrecher wie ein Magnet anzieht. Jeder Ermittler wird bestätigen, dass dort, wo viel Geld im Spiel ist, das Problem der Geldwäsche immer präsent ist. Und Glücksspiel im Allgemeinen ist ein Vehikel für Geldwäsche, denn es ist eine Branche, in der sehr hohe Bargeldsummen zirkulieren.

Bereits seit vielen Jahren versucht auch der organisierte Sport einen Teil vom Kuchen abzubekommen. Seit 2018 ist der Wettanbieter Tipico Sponsoringpartner der Deutschen Fußball Liga (DFL), und seit 2015 ist der Anbieter Geschäftspartner des FC Bayern München. Die Spots mit Oliver Kahn waren lange geradezu allgegenwärtig in jeder Unterbrechung eines Bundesligaspiels und in jeder Werbepause. Ende 2018 gibt der Deutsche Fußball-Bund (DFB) bekannt, dass die Partnerschaft mit dem Wettanbieter bwin erweitert wird. Auf der Homepage ist zu lesen: »Die Kooperation umfasst künftig Werberechte für den DFB und die Nationalmannschaften für eine Laufzeit vom 1. Januar 2019 bis zum 31. Dezember 2022. Darüber hinaus hat bwin Werberechte für den DFB-Pokal, die 3. Liga und die Frauen-Bundesliga erworben.«[2] Jetzt sitzt also auch die deutsche Fußball-Nationalmannschaft im Boot mit einem Wettanbieter.

Das kann man natürlich machen, aber wenn Sie mich fragen, wie ich zum Geschäft mit Sportwetten stehe oder zu diesem Sponsoring, dann sage ich: »Das ist Teufelszeug.« Darauf wird gerne entgegnet: »Was redest du für einen Unsinn, du kannst nicht alles mit Wett*manipulation* in Zusammenhang bringen.« Nein? Wir können uns alles schönreden, und wir können versuchen, die Probleme zu umschiffen, indem wir immer nur gute Beispiele bringen. Und sagen, wie toll doch alles ist – aber das entspricht eben nicht der Realität. Immer wieder höre ich von Fußballfunktionären: »Wetten ist ja nicht verboten.« Ja, das ist richtig. Doch wenn ich mir bestimmte Wettanbieter anschaue, dann wird es sehr schnell problematisch. Denn unsere Ermittlungen haben ergeben, dass die Köpfe unseres kriminellen Netzwerks in Wettbuden gearbeitet hatten. Teilweise waren sie sogar Franchiseunternehmer. Damit ist das eine Branche, die aus meiner Sicht per se Probleme hat.

Es ist Realität, dass vor vielen Fußballspielen Werbung der Wettanbieter und hochkarätige ehemalige Fußballer, wie Oliver Kahn oder Lukas Podolski, auf den Bildschirmen zu sehen sind und Botschaften der Wettanbieter vertreten. Menschen, die wetten, brauchen genau das und werden davon angezogen. Wenn Sportwetten geradezu glorifiziert werden, dann wird man die Öffentlichkeit sowie betroffene Fußballprofis und den Nachwuchs nicht für Themen wie Spielsucht oder Wettbetrug sensibilisieren können. Die sagen nämlich dann (zu Recht): »Was mache ich denn hier schon Verbotenes?«

Die Werbung scheint ihren Zweck zu erfüllen. Laut einer Studie des Beratungsunternehmens Goldmedia beliefen sich die Einsätze für Sportwetten 2018 in Deutschland auf 8,8 Milliarden Euro, 2019 waren es bereits knapp 9,3 Milliarden Euro.[3] In den letzten fünf Jahren haben sich damit die Einsätze mehr als verdoppelt. Doch die Gefahr des Matchfixings beziehungsweise der Spielmanipulation und des Wettbetrugs ist immer allgegenwärtig. Die International Betting Integrity Association (IBIA) mit Sitz in Brüssel hat sich als Verband konstituiert, um das Thema Integrität bei Sportwetten zu verfolgen. 46 der führenden europäischen Wettanbieter sind Mitglied, darunter auch bwin, bet-at-home und XTip, der Wettanbieter der deutschen Glücksspiel-Gruppe Gauselmann. Natürlich kann ich die Zahlen der IBIA nicht abschließend bewerten, weil ich sie nicht überprüfen kann. Sie liefern aber zumindest Anhaltspunkte.

Laut IBIA gab es im Jahr 2018 bei den Wettanbietern, die Mitglied im Verband sind, 267 auffällige Wetteinsätze in 13 Sportarten. Tennis (178) und Fußball (52) waren dabei die Spitzenreiter. Ich bin sehr skeptisch, was diese Zahlen angeht, denn die Dunkelziffer dürfte um ein Vielfaches darüber liegen. Das belegen unsere Ermittlungen. Und auch bei den Wettanbietern gab und gibt es Mitglieder krimineller Netzwerke, die in Wettmanipulationen involviert sind. Sie werden wohl kaum Interesse daran haben, eine höhere Anzahl an manipulierten Spielen zu veröffentlichen.

Dabei stelle ich mir oft die Frage, wer ist eigentlich an der Bekämpfung des Themas Wettbetrug wirklich interessiert? Ich glaube, dass die Thematik Matchfixing/Spielmanipulation nirgendwo richtig im Fokus steht – bei den Fußballverbänden nicht, aber auch nicht bei den Strafverfolgungsbehörden. Das hat viele Gründe. Zum einen muss man erklären, was Matchfixing überhaupt ist und von welcher Tragweite wir hier sprechen. Ein einfaches Beispiel: Wenn man die Bevölkerung fragen würde, in welchen Bereichen die Polizei verstärkt ermitteln soll – im Bereich Matchfixing oder Wohnungseinbrüche? Dann werden Sie bei 100 Befragten vermutlich 100 Menschen haben, die sagen werden, im Bereich der Wohnungseinbrüche. Denn die wenigsten wissen, was Matchfixing überhaupt ist. Dementsprechend werden bei den Ermittlungsbehörden natürlich auch die Prioritäten verteilt. Öffentlichkeitswirksam sind vor allem die Bekämpfung von Terrorismus, Cybercrime, Einbruchsdelikten. Matchfixing werden Sie auf dieser Liste – wenn überhaupt – ganz weit unten finden. Und immerhin gibt es ja Ermittler, die sich mit Sportkorruption beschäftigen.

Aber was genau ist überhaupt Matchfixing, also Spielmanipulation beziehungsweise Wettbetrug? Im Internet gibt es unzählige Definitionen der Begrifflichkeiten von Matchfixing. Seitenweise wissenschaftliche und analytische Abhandlungen befassen sich mit dieser Thematik. So kompliziert kann und möchte ich es nicht erklären. Ich berichte hier über meine Erfahrungen und über die Manipulationsarten, mit denen ich es zu tun hatte. Allerdings gibt es noch weitere Methoden der Spielmanipulation, zu denen ich mich hier nicht äußere.

Wenn ich mich zurückerinnere an meine aktive Fußballzeit, gab es in den unteren Ligen (Kreis-, Bezirks- und Landesliga) Spielkonstellationen, in denen es für die eine Mannschaft um Auf- oder Abstieg ging. Und der Gegner stand irgendwo im Niemandsland der Tabelle und spielte nur noch um die sogenannte »goldene Ananas«. Oftmals kamen die Spieler der Mannschaften aus demselben Ort oder kannten sich vom Arbeitsplatz. Nicht selten kam es dann vor, dass es kurz vor den Begegnungen Gespräche wie dieses gab: »Wenn ihr uns gewinnen lasst, bekommt ihr einen Kasten Bier.« Obwohl ich behaupten darf, dass es während einer Saison auch in diesen Klassen enormen sportlichen Ehrgeiz gab, setzte bei so einer Spielansetzung der Gedanke des Fair Play offenbar aus. Zurückblickend kann ich wohl sagen, dass es als normal angesehen wurde, dass man solche Gespräche überhaupt führte.

Ich muss an dieser Stelle ganz klar sagen, dass ich der absolut falsche Ansprechpartner für so eine Spielabsprache gewesen wäre. Ich wollte immer gewinnen. Aber muss man tatsächlich diese Handlungen schon als Matchfixing – Spielmanipulationen – bewerten? Fakt ist, dass es sich um eine Beeinflussung handelt, wenn ich absichtlich verliere und daher eine andere Mannschaft nicht absteigt oder aufsteigt. Selbst wenn die Motivation lediglich darin besteht, jemandem einen freundschaftlichen Gefallen zu tun. Sport ist Wettbewerb. Also ist so etwas unfair. Strafrechtlich aber unbedeutsam. Aber wenn ich diesen Gedanken weiterspinne, wo lande ich dann? Warum sollte man später, als Fußballprofi, nicht auch ein Spiel unsportlich beeinflussen, wenn am Ende einer solchen Manipulation das vermeintlich große Geld ausgezahlt wird?

Ich spiele selbst aktuell noch Fußball in Altherrenmannschaften. Und ich renne dort ja nicht ständig mit Ohrenklappen durch die Gegend, sodass ich, gewollt oder ungewollt, Gespräche auf dem Fußballplatz mitbekomme. Bei den Altherren spielen Trainer und Betreuer von Vereinen aus dem Ruhrpott mit. Und vor jedem Saisonfinale gleichen sich die Gespräche. Es gibt immer wieder Leute, die irgendetwas über Manipulationen bei Auf- und Abstiegsspielen zu berichten haben. Die Vereine, die da genannt werden, spielen in der Westfalenliga, der Oberliga Westfalen oder im Großraum Dortmund. Zum Teil heißt es da, dass das Ergebnis des kommenden Spiels A gegen B doch schon vorher feststehe, oder dass Verein XY sowieso nicht mehr alles für einen Sieg tue und so weiter.

Was sich im ersten Moment nach einem Stammtischgespräch anhört, ist bei näherer Betrachtung aber durchaus brisant. Anscheinend sind diese Abläufe im Amateurbereich normal. Viele meiner Mitspieler wissen, dass ich Polizist bin. Deshalb vertiefen sie diese Gespräche eher selten mit mir. Nur wenn ich ihnen Abläufe einer Manipulation erklären soll, fragen sie mich. Viel interessanter und gesprächsbereiter sind sie, wenn es um professionelle Fußballspiele geht. Da vermischen sie dann ihr eigenes Wissen aus dem Amateurbereich mit meinen Erläuterungen und bilden sich eine Meinung. »Ist doch sowieso alles krumm – geht doch nur um Kohle«, sagen sie mir dann oft. Wenn ich sie darauf hinweise, dass sie ja schon mal im Amateurbereich damit anfangen könnten, den Sumpf trockenzulegen, höre ich oft in Ruhrpott-Deutsch: »Lass gut sein, solln se doch alle machen. Ich pöhle hier noch bis zu meiner Rente und der Rest ist mir egal.« Pöhlen ist im Ruhrgebiet ein Synonym für Fußballspielen. Entscheidend ist aber die Einstellung – die Selbstverständlichkeit, mit der Manipulationen offenbar hingenommen werden. Kaum einer regt sich darüber auf, obwohl im Grunde jeder weiß, dass es nicht mit rechten Dingen zugeht.

Eine der massivsten Manipulationsmöglichkeiten, mit denen ich konfrontiert wurde, besteht darin, dass sich Investoren in einen Verein einkaufen, um im Anschluss Einfluss auf die Mannschaft und den jeweiligen Spielausgang nehmen zu können. Der gesamte Verein wird durch die Kriminellen unterwandert. Das läuft in etwa so ab: Ein finanziell nicht so gut aufgestellter Verein wird durch die Kriminellen angesprochen. Man stellt finanzielle Mittel in Aussicht und kündigt zudem an, weitere Spieler und auch Funktionäre im Verein zu installieren. Häufig drängt man auch noch auf die Auswechslung des Trainerteams. Das Argument Geld ist natürlich verlockend, und viele Vereine sehen zunächst tatsächlich die Chance, sportlich wieder einen Aufschwung zu erleben. Dem »Investor« geht es jedoch nur darum, seine Machtposition auszunutzen, um fortan Einfluss auf den Spielausgang zu nehmen und so zum Beispiel am Wettmarkt illegale Gewinne einzustreichen. Es werden Vorbereitungsspiele oder Freundschaftsspiele organisiert, mit dem Hintergrund, auch dort weisungsgemäß zu agieren – also zu manipulieren. Erst allmählich erweist sich das vermeintliche sportliche Engagement als Mittel zum Zweck, dessen Antrieb reine Geldgier ist. Hierbei möchte ich auf eine Dimension hinweisen, die oftmals völlig außer Acht gelassen wird: die Fußballspieler. Die Profis dieses Vereins, die bereit waren, an einer Manipulation mitzuwirken und vielleicht dennoch über hohe spielerische Qualitäten verfügen, sind natürlich fortan erpressbar. Sollten sie also irgendwann einmal die Chance bekommen, zu einem erfolgreichen und bekannten Team wechseln zu können, sind manipulative Handlungen dieser Spieler sehr wahrscheinlich. Denn diese Fußballspieler sind das Kapital der Verbrecher.

Eine weitere Form der Spielmanipulation ist die Einflussnahme von Kriminellen auf die Profis selbst. In den folgenden Kapiteln werde ich solche Abläufe genau beschreiben.

Die Hintermänner kommen größtenteils aus der illegalen Glücksspielszene und haben sich über die Jahre ein Netzwerk von Mitstreitern aufgebaut, die sich in der Wett- oder Glücksspielszene bestens auskennen. Sie verfügen über besondere Kontakte, die dazu geeignet sind, möglichst hohe Wetten in vielen unterschiedlichen Ländern zu platzieren. Der asiatische Markt ist so etwas wie das Schlaraffenland – sowohl für Kriminelle, als auch für herkömmliche Wettspieler. Denn der dortige Wettmarkt kennt keine Limits. Die niedrigsten Spielklassen – auch deutsche Amateurspiele – sind bewettbar. Und die Wetteinsätze sind fast unbegrenzt.

Diese günstigen Rahmenbedingungen nutzen die Kriminellen aus und brauchen dafür lediglich ein Werkzeug: Fußballspieler. Es ist leider Realität, dass sich Sportler für Manipulationen gewinnen lassen. Denn es ist auch für die Sportler lukrativ. Nein, ich schere nicht alle über einen Kamm. Und ja, es gehört vermutlich nur eine geringe Anzahl von Sportlern einem solchen Netzwerk an. Aber nicht jeder Fußballspieler – auch nicht jeder *professio-*

nelle Fußballspieler – ist Millionär. Und die Halbwertszeit einer Karriere ist begrenzt. Der monetäre Anreiz, mit vermeintlich wenig Aufwand ein Spiel zu manipulieren, ist daher sehr verlockend. Also haben wir hier eine Form der Manipulation, die eine Absprache zwischen kriminellen Wettsetzern und Fußballspielern voraussetzt. Beide vereinbaren ein Spielereignis, auf das Einfluss genommen wird, und platzieren hohe Wetten. Für ihr Handeln auf dem Platz bekommen die Sportler durch die Kriminellen einen gewissen Anteil ausgezahlt. Wobei die Fußballspieler natürlich durch ihr Handeln auch zu Kriminellen werden – sich also nicht von ihnen unterscheiden.

Eine weitere Form der Manipulation ist die mit Schiedsrichtern. Auch sie können zu dem zuvor erwähnten Kreis derer zählen, die mit dem kriminellen Netzwerk zusammenarbeiten und Absprachen treffen. Jedoch gibt es bei den Schiedsrichtern noch eine weitere Form der Manipulation: die falsche Identität. Es werden Schiedsrichter zu Spielen angesetzt, die in der Realität überhaupt nicht auf dem Platz stehen. Sondern es pfeifen völlig andere Personen. Häufig findet man diese Konstellation bei Vorbereitungsspielen im Trainingslager. Vor jeder Saison werden die obligatorischen Trainingscamps von Profimannschaften aufgesucht – Belek, Málaga, Mallorca, Istrien, um nur einige zu nennen. Dort tummelt sich vor jedem Freundschaftsspiel ein Pool an Schiedsrichtern. Den Vereinen ist es völlig egal, wer ein solches Vorbereitungsspiel pfeift. Den Kriminellen nicht. Denn während das Ergebnis für die Mannschaften eine eher untergeordnete Rolle spielt, ist das Resultat der Goldesel für Matchfixer. Denn auch auf solche Vorbereitungsspiele lassen sich Wetten platzieren. Und zwar sehr hohe.

Dazu fällt mir ein Sachverhalt ein, der dies treffend belegt: Ich befand mich mit meiner Familie im Urlaub, als ich ein Sportmagazin durchblätterte. In einem winzigen Absatz wurde über ein Vorbereitungsspiel in der Türkei zwischen Werder Bremen und AZ Alkmaar berichtet. Das Spiel endete 2:1 für Bremen. Auffällig war für mich die Nachspielzeit in so einem bedeutungslosen Vorbereitungsspiel. Ganze zehn Minuten ließ der bulgarische Schiedsrichter nachspielen. Da war für mich klar, irgendetwas stimmt hier nicht. Ich informierte den Bochumer Oberstaatsanwalt Andreas Bachmann, um Ermittlungen aufzunehmen. Es stellte sich heraus, dass sich der angesetzte Schiedsrichter zum Zeitpunkt des Spiels überhaupt nicht in der Türkei aufgehalten hatte. Unter seinem Namen hatte ein ganz anderer Schiedsrichter die Partie gepfiffen. Niemand wusste davon. Im Rahmen der Ermittlungen fuhr ich zusammen mit Andreas Bachmann nach Bremen, und wir vernahmen den damaligen Geschäftsführer von Werder, Klaus Allofs, als Zeugen. Wir wollten von ihm wissen, wie so ein Freundschaftsspiel organisiert wird. Wer ist für die Ansetzung der Schiedsrichter zuständig, was passiert in einem Trainingslager vor Ort, wie kann es passieren, dass ein Schiedsrichter eine Begegnung pfeift, obwohl er gar nicht für das Spiel vorgesehen war? Werder Bremen war nicht die einzige Mannschaft, die von so einem Vorfall betroffen war. Im Laufe der Ermittlungen wurden weitere Begegnungen von Bundesligisten bekannt, die einen ähnlichen Verlauf hatten. Und die Antworten der Verantwortlichen auf unsere Frage, wie solche Spiele organisiert werden, waren inhaltlich gleich: Es gibt spezielle Agenturen, um Trainingslager inklusive Freundschaftsspielen zu organisieren. Die Vereine kümmern sich nicht selbst um die administrativen Dinge, schon gar nicht darum, welcher Schiedsrichter angesetzt wird. Der Fokus wird auf die Trainingsbedingungen gelegt. Aus Sicht der Verantwortlichen kann ich das verstehen. Wenn ich jedoch weiß, dass ich als Verein dazu benutzt werde, Manipulationen zu ermöglichen, finde ich, sollte auch in diesem Ablauf ein Umdenken stattfinden.

Damals konnte ich in Absprache mit dem DFB erreichen, dass Schiedsrichterbeobachter aus Deutschland zu den Freundschaftsspielen entsandt wurden. So weit ich informiert bin, liegt die Ansetzung eines Schiedsrichters für ein Vorbereitungsspiel im Aufgabenbereich des jeweiligen Fußballverbandes des Austragungsortes. In Belek wäre also der türkische Fußballverband, in Málaga der spanische Fußballverband verantwortlich. Der DFB hat somit keine Möglichkeit, eigene Schiedsrichter einzusetzen. Aber sollte nicht jeder Fußballverband Interesse daran haben, dass die Spiele manipulationsfrei ablaufen? Doch Jahr für Jahr geschieht das Gleiche: Die Verbände der Mannschaften, die ihre Trainingslager im Ausland durchführen, halten sich heraus. Das ist für mich nicht nachvollziehbar.

Ein Wort noch zu den Agenturen, die solche Komplettpakete anbieten. Auch hier gibt es schwarze Schafe, die auf besondere Weise mit den Schiedsrichtern zusammenarbeiten. Oder gar ganze Mannschaften dazu benutzen, um zu manipulieren.

Und damit wäre ich bei der nächsten Methode, mit der ich im Rahmen der Ermittlungen zu tun hatte: Eine nur zum Zweck der Manipulation gegründete Sportagentur schreibt Nationalverbände an, um sich als Organisator von Länderspielen anzubieten. Afrikanische Staaten etwa finden in der Auswahl von internationalen Freundschaftsspielen weniger Beachtung. So ist es selten der Fall, dass eine europäische Nationalmannschaft gegen ein kleines afrikanisches Land ein Länderspiel austrägt. Warum das so ist, kann ich nicht beurteilen. Dass das so ist, haben nicht nur die Gespräche mit unterschiedlichen Funktionären der FIFA und der UEFA bestätigt, sondern die Kriminellen wählen genau deswegen solche Nationen als Ziel ihrer kriminellen Machenschaften aus.

Wenn eine Agentur auftaucht und damit wirbt, Länderspiele zu organisieren, finden sie bei kleineren Nationen sofort Gehör. Und wenn sie zudem noch anbietet, die komplette Nationalmannschaft mit Trainingskleidung auszustatten und den Spielern, Trainern und Funktionären ein »nettes« Handgeld offeriert, dann werden wenige dieser Nationen dieses – unmoralische – Angebot ablehnen. Selbst wenn die Agentur dann plötzlich vorgibt, wie viele Gegentore fallen müssen, damit sich der Aufwand lohnt, werden keine Fragen gestellt. Der eigene Mehrwert ist zu groß, um zu widerstehen, zumal weitere Länderspiele in Aussicht gestellt werden. Also im Grunde eine Gewinnerchance für ein kleines Land.

Wir sollten nicht so vermessen sein, nun gerade hier den Zeigefinger zu erheben und dieses Handeln zu verurteilen. Es gibt keinen Zweifel, dass auch diese Manipulationen den Sport töten. Es gibt ebenso wenig Zweifel daran, dass dieses Handeln falsch und strafrechtlich zu ahnden ist. Gleichwohl sollte man aber wenigstens einmal ein paar Minuten lang überlegen: Warum machen die das? Und vielleicht kommt man dann zu dem Ergebnis, dass womöglich innerstaatliche Strukturen von Korruption durchtränkt sind.

Da leben Leute, die wachsen in einem Land voller Gewalt auf, wo das Recht des Stärkeren siegt. In diesen Ländern regiert die Willkür oder gar der Terrorismus. Bürgerkriegsähnliche Zustände sind an der Tagesordnung. Und jetzt sagen wir den Fußballspielern, die unter solchen Bedingungen aufwachsen: »Hört zu, es ist absolut nicht richtig, dass ihr einen Trainingsanzug und ein paar Fußballschuhe annehmt und dafür im Gegenzug zwei Gegentore absichtlich kassiert.« Wer will das rechtfertigen? Ich jedenfalls nicht.

Eine zum Zweck der Spielmanipulation ins Leben gerufene Sportagentur macht sich gerade die schwierigen Lebensbedingungen in den besagten Ländern zu Nutze. Ich habe etliche Schriftstücke und Kommunikationen zwischen einer derartigen »Sportagentur« und Fußballverbänden ausgewertet. Die Masche ist immer ähnlich: Es werden ein paar Referenzen genannt, dann schlägt man ein Länderspiel vor, zeigt sich bereit, sämtliche Kosten für die Reise und Übernachtungen zu übernehmen. Anschließend wartet man auf eine Reaktion des Verbandes, die in der Regel nicht lange auf sich warten lässt: Der Verband zeigt sich interessiert. Dann wird seitens der Agentur eine Teilnehmerliste für die Reise angefordert. Und schon dabei fällt auf, dass der Verband offensichtlich großes Interesse daran hat, jedem, der irgendwie zum Kreis der Nationalmannschaft gehört, in den Genuss eines solchen Angebotes kommen zu lassen. Offensichtlich hat man auch beim Fußballverband recht schnell erkannt, dass die Anfrage nicht aus rein sportlichem Interesse gestellt wurde, sondern man weiß sehr wohl, in welche Richtung diese Geschäftsbeziehung gehen wird.

Und dann ist es nicht unüblich, dass der Verband sogar noch Forderungen stellt. Es soll noch so etwas wie eine Antrittsprämie plus Ausstattung plus Handgeld gezahlt werden. Diesen Forderungen kommt die Sportagentur gern nach. Denn schließlich kann ein Länderspiel bewettet werden. Und in den Wettbüros – insbesondere in den asiatischen – spielt es keine Rolle, ob die Nationen, die da gegeneinander spielen, eher unbedeutend für den Weltfußball sind.

Mit welcher Dreistigkeit in Sachen Spielmanipulation vorgegangen wird, zeigt ein weiteres Beispiel, mit dem ich im Laufe unserer Ermittlungen zu tun hatte. Den Formen der Manipulation sind anscheinend keine Grenzen gesetzt. So gab es in der Vergangenheit immer wieder sogenannte Geisterspiele. Das sind Fußballspiele, die nur auf dem Papier und im Angebot verschiedener Wettanbieter existieren. Kriminelle Wettsyndikate organisieren fiktive Partien und sorgen dafür, dass Wettanbieter diese Spiele in ihr Angebot aufnehmen. Da weltweit jeden Tag Tausende Fußballspiele stattfinden, haben Wettanbieter sogenannte Daten-Scouts vor Ort in den Stadien oder an den jeweiligen Fußballplätzen. Durch diese Scouts wird der Spielverlauf digital an den Wettanbieter übermittelt, und dieser erstellt daraufhin die entsprechende Wettquote. In der Realität sieht das folgendermaßen aus: Der Scout übermittelt den Spielverlauf und entscheidende Spielereignisse wie zum Beispiel Spielerwechsel, Rote Karten, Gelbe Karten usw. Natürlich auch Tore. Und auf diese Scouts haben es die Kriminellen abgesehen: Sie werden bestochen und mit einem fiktiven Spielverlauf ausgestattet, den sie an den Wettanbieter übermitteln sollen – und fertig ist das sogenannte Geisterspiel.

In Erinnerung blieb mir auch ein besonders kurioser Fall: Während einer Geburtstagsfeier von hochrangigen Kriminellen liefen auf unterschiedlichen TV-Geräten Fußballspiele. Es stellte sich heraus, dass diese Spiele manipuliert waren und dem Geburtstagskind als »Geschenk« überreicht wurden. Die »Schenkenden« waren Schiedsrichter und Fußballspieler.

Es gibt natürlich noch eine Vielzahl weiterer Manipulationsmöglichkeiten. Auch mit diesen hatten wir im Laufe der Ermittlungen zu tun. Sie betrafen auch weitere Sportarten wie zum Beispiel Tennis oder Eishockey. Insbesondere der Tennissport ist sehr anfällig für Manipulationen, denn es handelt sich um eine Einzelsportart – der Sportler muss sich nicht im Kollektiv bewegen und hat jederzeit alle Handlungsmöglichkeiten. Außerdem ist die Einkommenssituation junger oder weit hinten in der Weltrangliste geführter Spieler vielfach geradezu prekär.

Eines ist klar: Die Kriminellen lassen sich ständig neue Methoden einfallen, um durch ihre Manipulationen und Wettsetzungen Gewinne zu generieren, deren Umfang weit jenseits normaler Maßstäbe liegt.

Die Manipulation von Fußballspielen hat im Übrigen nichts mit der Zugehörigkeit zu einer bestimmten Liga, mit dem Amateur- oder Profibereich zu tun. Gut und Böse kennen keine Grenzen. Das versuche ich auf den nachfolgenden Seiten zu erklären. Geschildert werden ausschließlich reale Erlebnisse. Nichts ist fiktiv oder hypothetisch.

Kapitel 2

ES BEGANN MIT EINER LÜGE – MEIN WERDEGANG BEI DER POLIZEI

Bei der Polizei geht es immer ehrlich zu. Diese landläufige Meinung hatte auch ich, mehr noch: Ich konnte mir gar nichts anderes vorstellen, schließlich war mein Vater, ein grundanständiger Mann, Polizist. So wie er, charakterfest und ehrlich, wollte auch ich sein, von Kindesbeinen an. Ganz klar, dass ich ebenfalls Polizist werden wollte. Mit aller Macht. Als es dann so weit war, wurden meine idealistischen Vorstellungen einer harten Prüfung unterzogen, denn ich merkte gleich zu Beginn: Auch bei der Polizei ist nicht alles Gold, was glänzt. Auch bei der Polizei wird gelogen.

Doch das hielt mich nicht ab. Im Gegenteil: Jetzt erst recht! – Aber der Reihe nach …

Eigentlich habe ich immer gehofft, der 28. Februar 1972 sei ein Samstag gewesen. Ich redete mir ein, dass ich an eben diesem Samstag Punkt 18 Uhr das Licht der Welt erblickt hätte: zur besten »Sportschau«-Zeit. Leider musste ich später feststellen, dass mein Geburtstag auf einen stinknormalen Montag gefallen war.

Vielleicht waren aber wenigstens am Tag meiner Geburt herausragende Ereignisse geschehen, die gemeinsam mit mir bis heute unter einem guten

Stern stehen. Sepp Maier, der legendäre Nationaltorhüter, ist an einem 28. Februar geboren, zwar nicht 1972, aber immerhin

Womöglich gibt das Jahr 1972 mehr her, womit ich mich identifizieren könnte – und da kommen wir der Sache schon näher. Der Friedensnobelpreisträger Willy Brandt war Bundeskanzler – für mich ein Mann des Mutes. Mein geliebter HSV wurde nicht deutscher Fußballmeister (sondern Bayern München), aber immerhin gewannen die Glasgow Rangers den Europapokal der Pokalsieger – ein Club, mit dem den HSV eine jahrzehntelange Fanfreundschaft verbindet und der mit dem Motto »No Surrender« eine Einstellung der Hartnäckigkeit pflegt, die mir sehr gut gefällt.

Vor etlichen Jahren habe ich einen Spruch von Alexander Graham Bell gelesen, der sich mir ins Gedächtnis eingebrannt hat: »Geh nicht immer auf dem vorgezeichneten Weg, der nur dahinführt, wo andere bereits gegangen sind.«

Was treibt mich an? Warum lehne ich mich nicht zurück? Warum bin ich seit eh und je eine »Heißkiste«, wie man bei uns im Ruhrgebiet sagt? Könnte das Leben nicht einfacher sein, wenn man sich nicht immer aufreibt?

Ja, vielleicht. Vielleicht wäre es auf den ersten Blick »einfacher«.

Das Leben ist aber nicht einfach. Menschen sind nicht einfach. Der Mensch muss sich selbst wohlfühlen. Ich glaube, dass unser ureigener Antrieb eine gesunde Selbstzufriedenheit ist. Mir halten Leute oft vor, dass meine Ansprüche an mich und andere zu hoch seien. Das mag ja sein, allerdings doch wohl nur aus deren Sicht. Und wenn diese Menschen für sich selbst entscheiden, sich mit weniger zufriedenzugeben, dann ist das völlig in Ordnung.

Ich bin da tatsächlich anders. Dieses Anderssein verfolgt mich schon mein gesamtes Leben. Im Guten wie auch im Schlechten. Aber das muss ich akzeptieren, und das habe ich auch (inzwischen) akzeptiert.

Ich bin ein richtiger Dortmunder Junge, aufgewachsen in Dortmund-Kirchlinde, genauer gesagt: in der Zechensiedlung Hangeney. Der Hangeney ist für mich das Synonym einer großartigen Kindheit. Hier spielte das Leben. Dort lebten alle irgendwie zusammen. Ich durfte mit meiner Familie und meinen Freunden Teil dieser Gemeinschaft sein.

Im menschlichen Zusammenhalt ist der Hangeney vielleicht vergleichbar mit dem Viertel Little Italy in Manhattan, nur kleiner, noch familiärer – und ohne Mafia. Meine besten Freunde leben dort immer noch oder zumindest ganz in der Nähe.

Ich bin weitgehend bei meinen Großeltern väterlicherseits aufgewachsen. Meine Eltern waren beide berufstätig, und so kümmerten sich die Großeltern um mich. Irgendwann wollte ich da nicht mehr weg. Mein Opa war Bergmann, wie die meisten Männer im Hangeney. Wir wohnten in der Hangeneystraße 40, im Zentrum des Hangeney.

Wenn ich an alte Schwarz-Weiß-Fotos denke, fallen mir spontan Bilder und Szenen aus meiner Kindheit ein. Mein Vater und mein Opa trugen Rollkragenpullis und Schlaghosen und hatten meist einen Glimmstängel im Mundwinkel. Oma gab sich immer große Mühe, äußerst attraktiv in die Kamera zu lächeln. Und meine Mutter posierte mit Retro-Frisur und einem halblangen Kittel vor einer Tapete, bei deren Betrachtung einem heute schwindelig werden würde.

Meine Oma und mein Opa haben mich erzogen. Wahrscheinlich haben wir uns wie in den meisten Familien auch mal gestritten und uns böse Worte an den Kopf geschmissen, doch eines ist heute die Basis aller meiner Erinnerungen: Ich habe bedingungslose Liebe erfahren! Und bedingungslosen Rückhalt!

Bei meinen Großeltern hatte ich alle Freiheiten, viel mehr als meine Freunde. Aber ich hatte auch meine Pflichten. Eigentlich war es nur eine Pflicht. Ich sollte die Schule ernst nehmen. Nein, ich war kein besonders guter Schüler, aber ich war eben auch kein schlechter.

Schon ziemlich früh stellte ich das System Schule infrage. Weil mir die Gerechtigkeit fehlte. Auch so ein Begriff, den man kaum definieren kann. Was ist denn Gerechtigkeit? Streiten wir uns nicht täglich, weil wir uns irgendwo ungerecht behandelt fühlen?

In der Schule führte das dazu, dass eine meiner Lehrerinnen beim Elternsprechtag meiner Oma sagte: »Ich traue mich gar nicht, dem Michael eine Drei zu geben, dann kommt er sofort und möchte es mit mir ausdiskutieren.«

Die Lehrerin lächelte bei dieser Aussage, meine Oma übrigens auch, und nach dem Verlassen des Klassenraums tätschelte sie mir den Kopf und zwinkerte mir zu.

Ich war wohl schon immer auf der Suche nach Gerechtigkeit. Obwohl diese Suche nie endet und ich selbst ja auch ständig ungerecht bin, treibt mich das an. In unserer Abschlusszeitung der Realschule sollten wir unseren besten Freund mit einem Gedicht von der Schule verabschieden. Ich hatte drei beste Freunde. Meinen Opa und zwei Schulkameraden, mit denen ich von 1972 an Tür an Tür lebte und zu denen ich auch heute noch einen Kontakt pflege, wie es nur Freunde können.

Einer dieser Freunde schrieb folgende Zeilen über mich *»... werden möcht' er Polizist, weil er ein Gerechter ist ...«* Bis heute freue ich mich über diesen kleinen kindlichen Vers, denn so haben mich meine Freunde wahrgenommen. Es macht mich stolz, als jemand gesehen zu werden, dem Gerechtigkeit wichtig ist. Wenn man diesen Weg geht, stößt man aber ganz oft an seine Grenzen.

Polizist werden! Dieser Wunsch war sehr früh da, im Prinzip schon im Kindergarten. Mein Vater und mein Onkel waren Beamte der Schutzpolizei, da wollte auch ich hin. Doch diesem Wunsch wurde gleich am Anfang ein Hindernis in den Weg gelegt, das mich wütend und traurig zugleich machte.

1988 habe ich mich nach dem Abschluss der Realschule bei der Polizei beworben. Die Aufnahmeprüfung in Münster hatte ich bestanden, der Leiter, der die Tests durchgeführt hatte, verabschiedete mich mit den Worten: »Dann sind wir ja jetzt Kollegen.« Am nächsten Tag stand nur noch eine Hürde an: die ärztliche Prüfung. Ich hatte keinerlei Zweifel, dass ich auch die meistern würde. Mein Vater war allerdings skeptisch. Er sagte, wenn bestimmte Quoten landesweit erfüllt, also alle Planstellen besetzt sind, dann wird es zum Glücksspiel ...

Ich fuhr wieder nach Münster, absolvierte die Untersuchungen und dachte: Das war's! Das war's auch, allerdings anders, als ich gedacht hatte. Ich bekam den Bescheid, dass ich den Augentest nicht bestanden hätte, ich hätte Schwächen beim räumlichen Sehen. Dazu muss ich sagen, dass nicht Ärzte den Sehtest durchgeführt hatten, sondern Sanitäter von der Polizei. Das waren Polizisten.

Dieser Bescheid war niederschmetternd. Als ich den Raum verlassen hatte, brach für mich eine Welt zusammen. Ich rief zu Hause an, mein Vater holte mich ab. Noch am gleichen Tag fuhren wir zu einem Augenarzt. Dort machte ich die entsprechenden Tests noch einmal, sogar unter verschärften Bedingungen. Der Augenarzt bescheinigte mir, dass ich diesen Mangel, von dem die Polizeisanitäter gesprochen hatten, mit Nutzung von Kontaktlinsen oder einer Brille überhaupt nicht hatte.

Den Befund des Augenarztes schickte ich zum zuständigen Landesamt für Ausbildung, Fortbildung und Personalangelegenheiten (LAFP). Nach einigen Wochen wurde ich erneut eingeladen. Wieder der gleiche Sehtest, wieder mit Polizeisanitätern, wieder das gleiche Ergebnis: nicht bestanden. Ich wies auf die Diagnose und das Schreiben meines Augenarztes hin und bekam die Antwort: »Wir wissen ja nicht, wie gut du deinen Augenarzt kennst.« Die schickten mich also wieder eiskalt nach Hause. Ich fühlte mich ungerecht behandelt, weil alles mit einer Lüge angefangen hatte.

Nachdem mein Traum von einer Laufbahn im Polizeidienst offenkundig gescheitert war, stellte sich die Frage: Was sollte ich nun machen? Ich bewarb mich wahllos für irgendwelche kaufmännischen Berufsausbildungen. Außerdem fuhr ich mit meinem Vater zur Uniklinik. Dort ließen wir uns ein kostenpflichtiges Gutachten eines Professors erstellen, Kostenpunkt: 250 Mark. Der kam zu dem Ergebnis, dass ich die Voraussetzungen für den Polizeidienst erfüllte – und zwar um Längen über den üblichen Rahmen hinaus.

Dieses Gutachten schickte ich wieder nach Münster, wurde erneut eingeladen – und mit der gleichen »Diagnose« erneut abgewiesen. Selbst das Gutachten eines Professors reichte den Sanitätern nicht aus.

Ich war am Boden zerstört. Wieder wurde ich angelogen, wieder betrogen. Ein junger Mann, der voller Idealismus steckte und Polizist werden wollte. Und den betrügen ausgerechnet seine Vorbilder, die Hüter von Recht und Gesetz.

Inzwischen hatte ich eine Lehre als Speditionskaufmann begonnen. Gleichzeitig schrieb ich mit meinem Vater einen Brief an den Innenminister von Nordrhein-Westfalen und schilderte den Sachverhalt. Meine Quintessenz lautete: Es sei sehr traurig und schade, dass in NRW offensichtlich nur Supermänner bei der Polizei angenommen werden.

Nach einiger Zeit bekam ich vom Innenministerium ein Schreiben, ich solle mich bei der Universitätsklinik Münster vorstellen. Deren Ergebnis sei für den Polizeidienst bindend.

Wieder fuhr ich nach Münster, in der Hoffnung, dass es diesmal klappte.

Der Test war sehr langwierig. Die Ärzte durchleuchteten meine Augen regelrecht – und kamen ziemlich schnell zu dem Ergebnis, dass die Typen von den Polizei-Sehtests offenbar selbst einen Sehtest bräuchten. Laut Uni-Klinik waren meine Augen voll polizeitauglich.

Dieses Ergebnis habe ich samt einer Kopie des Schreibens vom Innenministerium an die LAFP Münster geschickt. Und die fragten dann tatsächlich bei mir an: »Waren Sie nicht schon mal hier?«

Ich sprach mit meinem Chef bei der Spedition. Der hatte Verständnis, weil er auch mal Polizist hatte werden wollen und offenbar ähnliche Erfahrungen machen musste. Jedenfalls ließ er mich aus meinem Lehrlingsvertrag raus.

Das ganze Theater hatte etwa zwei Jahre gedauert …

Mein Dienstantritt war im Oktober 1991 in Bochum. Wieder musste ich zum Medizintest. Mir war schon richtig schlecht: Was passiert eigentlich, wenn die dich wieder ablehnen? Den Lehrlingsvertrag bei der Spedition hatte ich ja gekündigt. Ich stünde dann richtig im Regen. Doch diesmal klappte alles. Zwei Wochen später war ich in der Ausbildung zum Polizeibeamten. Dabei lernte ich 1993 meine heutige Frau kennen.

Die Ausbildung dauerte zweieinhalb Jahre. Damals war es in NRW so: Entweder musste man nach Beendigung der Ausbildung zur Rheinschiene, das heißt Sicherung von gefährdeten Objekten im Regierungssitz Bonn/Köln. Oder zum Einsatz in einer Hundertschaft. Ich habe mich für die Rheinschiene entschieden und kam zum Kölner Flughafen. Ich gab mir große Mühe und war sehr eifrig mit Überprüfungen, weil ich mehr machen wollte als nur da herumzustehen.

Also stellte ich gestohlene Fahrzeuge sicher und vollstreckte aufgrund meiner Überprüfungen Haftbefehle. Das führte dazu, dass ich auch in Zivil meinen Dienst machen konnte, außerdem stellte man mir einen konspirativen Bauwagen zur Verfügung. Der stand da, und ich hockte drinnen mit einem Fernglas und konnte Personen überwachen beziehungsweise aufspüren.

Es gab auch grenzüberschreitende Erfolge, zum Beispiel mit Holland. Dabei musste ich das erste Mal erfahren, wie es ist, bei der Polizei gegen den Strom zu schwimmen. Gewöhnlich hat man beim Objektschutz zu funktionieren. Objekt bewachen, fertig! Und wenn man Berufsanfänger war, sowieso. Mir reichte es aber nicht aus, nur zu funktionieren. Und so ein Objekt kann man so oder so überwachen: Entweder ich »überwache« es, indem ich es anstarre, oder ich überwache es und kontrolliere Personen, Fahrzeuge, Taschen usw. Ich wollte mehr. So kam es, dass ich bei den älteren Kollegen einen schweren Stand hatte. Viele der jüngeren Kollegen fanden meine Art gut, trauten sich aber nicht, das auch so anzugehen. Mir waren die anderen egal.

Das ging ein Jahr lang so, ich fuhr jeden Tag mit einer Fahrgemeinschaft von Dortmund nach Köln. Dann wurde ich nach Bochum versetzt, in den sogenannten Wach- und Wechseldienst. Mein Fernziel war es, zum zivilen Einsatztrupp zu kommen, zuständig für den Bereich der Straßenkriminalität – Drogen, Einbrecher, Räuber etc. Ich wollte lieber Verbrecher fangen, als den Verkehr zu kontrollieren. Mein Vater machte das auch. Und siehe da: Nach zweieinhalb Jahren fragte man doch tatsächlich bei mir an, ob ich nicht zum zivilen Einsatztrupp wechseln wollte.

Ich hatte also meinen Ruf als Heißkiste erfolgreich aufgebaut. Vielen Kollegen ging ich durch meine Art, immer etwas bewegen zu wollen, auf die Nerven. Manche wollten sogar nicht mehr mit mir im Streifenwagen fahren. Das war manchmal schon frustrierend, weil ich anders war als die. Und das bekam ich oft genug auch aufs Brot geschmiert.

Ich orientierte mich also an denen, die mit mir auf einer Wellenlänge waren. Zudem hatte ich das Glück, dass mein direkter Vorgesetzter mit mir auf einer Linie war. Dieser Dienstgruppenleiter hatte mein Potenzial erkannt und bestärkte und förderte mich. Ohne solche Leute hat man im Polizeidienst keine Chance. Dann ist es fast unmöglich, Arbeitszufriedenheit zu erzielen. Ich würde sogar behaupten, es macht einen ansonsten krank.

Ich war immer der Jüngste, wo ich auch hinkam. Auch in dieser zivilen Einsatztruppe musste ich mich zurechtfinden. Es war eine homogene Truppe, acht bis zehn Leute. Es ging überwiegend um Drogenkriminalität, um Raubdelikte, Straßenkriminalität, Observationen. Da war es schon wichtig, dass man einen Draht zu Ganoven aufbaut, damit man Tipps bekommt.

Das ging etwa fünf Jahre so, dann wurde eine Stelle im Bereich der Organisierten Kriminalität ausgeschrieben. Das Besondere daran war, dass es bei diesem Job nur um ein Jahr ging. Trotzdem wechselte ich, als die mir sagten, du kannst kommen.

Das war zur damaligen Zeit ein Novum. Ich war kein gelernter Kriminalpolizist, hatte nur die erste Fachprüfung absolviert (die Kollegen von der Kriminalpolizei haben fast alle die zweite Fachprüfung abgelegt) und war zudem noch sehr jung für so einen Job. Deshalb war es auch wie ein Sechser im Lotto, als ich nach diesem einen Jahr gefragt wurde, ob ich mir vorstellen könne, länger zu bleiben. Ich hatte zu der Zeit einen herausragenden Bärenführer, wie man bei der Polizei erfahrene Beamte nennt, die sich junger Kollegen annehmen, zur Seite gestellt bekommen. Durch seine Unterstützung und Fürsprache konnte ich von nun an unbefristet bleiben.

Anfangs waren wir zwölf Leute im Kommissariat 21, wir bearbeiteten Rauschgiftdelikte. Später wurden wir zusammengelegt mit dem Kommissariat 22, das seinerzeit für deliktsübergreifende Organisierte Kriminalität – kurz OK – zuständig war. Darüber hinaus gehöre ich seit 2005 der Mordkommission an. Eine Uniform habe ich zuletzt 1996 getragen.

Mein jetziger Dienstgrad ist Kriminalhauptkommissar (KHK), mehr geht nicht. KHK ist Ende der Fahnenstange, weil ich nur die erste Fachprüfung absolviert habe. Doch ich fühle mich gut aufgehoben, ich möchte nichts anderes machen.

Dienstgrad, Beförderung, Hierarchien waren mir immer egal. Zumindest waren sie nie mein Antrieb. Selbstverständlich konnte ich manche Beförderungen nicht nachvollziehen, schon gar nicht, wenn das Leistungskriterium – sagen wir es mal vorsichtig – eine eher untergeordnete Rolle spielte. Ich erkannte schnell, dass man das ertragen muss und nur geringen Einfluss darauf hat, ob man gut beurteilt und dadurch vielleicht schneller befördert wird. Ich habe meine Leistung gebracht, und wenn man die anerkannte, war ich stolz, und wenn nicht, na, dann halt nicht.

Natürlich gab es Erlebnisse der schlimmen Art. Erlebnisse, die ich nie vergessen werde, etwa die Kopfschuss-Bande. Wir ermittelten gegen russische OK-Täter, die sieben Menschen umgebracht hatten. Der Fall aus dem Drogenbereich beschäftigte uns weit über ein Jahr. Einer von denen hatte in Holland drei Menschen umgelegt. Er geriet unmittelbar nach der Tat in eine Polizeikontrolle, weil ein Rücklicht seines Autos nicht funktionierte. Da hat quasi seine Pistole noch geraucht. Die niederländischen Kollegen haben nichts gemerkt. Das war ihr Glück. Sie haben ihm nur gesagt, er solle das Rücklicht reparieren lassen. Hätte der Typ aussteigen müssen, hätte er ohne Zweifel zur Waffe gegriffen und das Feuer auf die beiden ahnungslosen Beamten eröffnet. So aber haben sie ihr Leben ihrer Kulanz zu verdanken. Die Typen haben wir hinterher trotzdem geschnappt.

Ein Fall, der überhaupt keiner war, hat mich richtig aus der Bahn geworfen: Du kommst zu einer Familie, da liegt ein totes Kind, ein Baby, alle weinen. Und du musst deine Arbeit machen und zunächst in alle Richtungen ermitteln. Es war »nur« ein natürlicher Tod, aber für mich ein ganz schlimmes Erlebnis. Die älteren Kollegen sagen immer: »Das ist hart, aber mit der Zeit stumpft man ab.« Ich werde dann wahrscheinlich nie zu den älteren Kollegen gehören: Ich stumpfe an solchen Fällen nicht ab.

Vielleicht kommen mir meine Sprache – die Sprache des Ruhrgebiets – und meine Mentalität bei Kontakten mit Kriminellen zugute. Das sind für mich nicht Menschen zweiter Klasse. Du kommst in eine Gegend, von der du weißt, dass hier alle von der Kriminalität leben, und die wissen, dass du das weißt. Ich kann mit denen reden, die erleben bei mir menschlichen Respekt. Das ist aus meiner Sicht oft der Schlüssel.

Da siehst du einen Hartz-IV-Empfänger in einem dicken Porsche sitzen, du weißt genau, dass da was nicht stimmt. Ich rede mit dem ohne Vorwurf, ohne Vorbehalt. Da kommt man auf eine persönliche Ebene. Das hat schon dazu geführt, dass ich für manche Ganoven Bewerbungen für geregelte und vor allem legale Arbeit geschrieben habe. Ich komme denen nicht als großer Moralist.

Ja, es gibt Straftäter, zu denen ich ein kumpelhaftes Verhältnis aufgebaut habe. Manchmal bekomme ich Briefe aus dem Knast von Leuten, die ich hinter Gitter gebracht habe. Die schreiben mir, dass ich mich mal wieder blicken lassen sollte. Manche machen sogar unter Ganoven Werbung für mich, dass Leute bei mir beruhigt aussagen könnten. Ich würde niemanden reinlegen.

Einige Kollegen sagen, meine Vernehmungen von Tatverdächtigen seien klasse. Die würden sich wie eine Geschichte lesen, ohne das übliche Beamtendeutsch. So muss das aus meiner Sicht auch sein: Ein Vernehmungsprotokoll darf nicht nur eine Inhaltsangabe sein, es muss sich wie eine Geschichte lesen.

Ich mache meine Vernehmungen immer allein, was nicht üblich ist bei der Polizei. Aber so entsteht ein anderes, tieferes Verhältnis zwischen dem Vernehmenden und dem Vernommenen, das der Wahrheit vielleicht näher kommt. Ich erlaube mir dabei auch, Selbstkritik zu üben. Einmal habe ich in einem Vernehmungsprotokoll die Sichtweise des zu Vernehmenden bestätigt. Ich habe geschrieben: »Stimmt, so habe ich das noch nicht gesehen …« Ich mag keine Oberflächlichkeiten, es muss bei einer Vernehmung nicht nur das nackte Protokoll herauskommen, sondern auch richtiger Inhalt.

Ohne irgendeinen Zweifel kann ich sagen, dass ich Polizist von ganzem Herzen bin, mit Leib und Seele. Ich möchte nichts anderes machen und könnte mir auch nichts anderes vorstellen. Bei mir dreht sich der ganze

Tagesablauf fast nur um die Polizei. Meine Frau ist ebenfalls Polizistin, auch in Bochum. Mein Bruder ist auch Polizeibeamter.

Meine Frau ist meine größte Kritikerin. Sie kennt meine Verbissenheit und kann sehr gut damit umgehen. Sie kann das entkrampfen. Manchmal streiten wir uns über Ansichten, zum Beispiel wenn ich an die Gerechtigkeit appelliere. Dann sagt sie oft: »Ja, hast du schon recht, aber du kannst nicht die ganze Welt retten, du musst auch mal runterkommen.« Zum Teil führen wir unsere Dialoge wie vor Gericht. Argumente finden, Argumente widerlegen etc. Sie ist der Ruhepol, ich bin wie gesagt die Heißkiste.

Auch unsere Tochter interessiert sich dafür, ich glaube, sie ist ziemlich stolz auf uns. Jedenfalls hat sie schon gesagt, dass sie später auch Polizistin werden will oder Staatsanwältin.

Meine andere große Leidenschaft ist neben der Rockmusik (allen voran Bruce Springsteen) der Fußball. Er begleitet mich, seit ich krabbeln konnte. Doch es ist nicht der große Verein meiner Heimatstadt Dortmund, den ich verehre. Nein, ich bin kein Fan von Borussia, sondern von klein auf Anhänger des HSV.

Das war immer meine große Liebe. Ich glaube, das kommt durch unsere Beziehung zum Norden, die Großeltern sind immer gern nach Dänemark in den Urlaub gefahren. Die nördlichste große deutsche Mannschaft war eben der HSV, so erkläre ich mir das. Mein Vater wollte mir ursprünglich den 1. FC Köln näherbringen, aber nicht mit mir. Da hatte ich schon ein Trikot des großen HSV-Stars Kevin Keegan, Rückennummer 7.

Seit über 20 Jahren bin ich HSV-Mitglied, auch nach dem Abstieg in die 2. Liga. Und wenn es nur irgendwie geht, besuche ich die Spiele des HSV im Stadion, auswärts wie zu Hause. Privat kicke ich auch noch, mit Freunden und Kollegen bei den Alten Herren. Position Mittelfeld. Da muss ich nach vorn und nach hinten ackern – mache ich auch gern.

Dass der Fußball nun seit Jahren einen Großteil meines beruflichen Lebens als Polizist bestimmt, ist für mich eine eher bittere Erfahrung. Es schmerzt wie eine große Liebe, die von anderen und von außen sabotiert und zerstört wird.

Kapitel 3

DIE SONDERKOMMISSION FLANKENGOTT

Mein dienstlicher Standort ist Bochum. Über diese Großstadt mit rund 370.000 Einwohnern mitten im Ruhrgebiet kursieren viele Klischees; alles in allem kann man sagen, dass die Liebeshymne »Bochum« des Schauspielers und Musikers Herbert Grönemeyer, der hier aufgewachsen ist, dem Ambiente der Stadt ziemlich nahe kommt: »Du bist keine Schönheit, vor Arbeit ganz grau …«

Doch Bochum ist mitnichten nur Tristesse. Und im Ruhrstadion mitten in der Stadt spielt der landesweit bekannte VfL Bochum, von dem Grönemeyer 1984 sang: »Machst mit 'nem Doppelpass jeden Gegner nass.« Das waren noch Zeiten …

Heutzutage sind die 27.599 Plätze nur selten ausgelastet. Die Fans sagen oft, dass das daher kommt, dass Bochum geografisch zwischen Dortmund und Gelsenkirchen, also Schalke, liegt. Die Vereinsfarben des VfL sind Blau und Weiß, wie die von Schalke. Fußballerisch betrachtet haben die Bochumer nicht das Niveau von Schalke, dafür hat der VfL etwas anderes, irgendwie Familiäres. Ich komme ja aus Dortmund, trotzdem habe ich mir früher mit meinem Vater nicht die Spiele des BVB angeschaut, nein, wir sind immer zur Castroper Straße gefahren, eine Vereinsfahne für zehn Mark in der Hand. Ja, auch als HSV-Fan sympathisierte ich mit dem VfL und drückte den Malochern – so nennt man die Arbeiter im Ruhrgebiet – in kurzen Hosen die Daumen. Profis wie Dieter Bast, Heinz Knüwe, Jupp Tenhagen, Jochen Abel, später Christian Schreier, die haben mir gefallen. Das waren Spieler, die standen stellvertretend für diesen »Malocher-Fußball«.

Mir hat ihr unbedingter Wille, gewinnen zu wollen, immer imponiert. Obwohl Bochum quasi in jedem Spiel Außenseiter war, kämpften diese Typen im Ruhrstadion um jeden Grashalm. Ich kann mich noch daran erinnern, wie in der Halbzeit immer Plastikbälle ins Publikum geschossen wurden. Auch ich kam nicht selten mit so einem Ball nach Hause.

Hinter dem Bochumer Polizeipräsidium erhebt sich der imposante Förderturm des Bergbau-Museums. Dabei handelt es sich um ein echtes Industriedenkmal, 1973 kam der Turm nach Bochum, zuvor stand er in Dortmund-Marten in der Zeche Germania, wo mein Opa als Bergmann gearbeitet hat. Er ist wie Tausende seiner Kollegen Tag für Tag über 1.000 Meter tief unter die Erde eingefahren, um das schwarze Gold ans Tageslicht zu bringen: die Kohle. Er hat damit zum Wohlstand unseres Landes beigetragen. Kohle ist auch deshalb im Ruhrgebiet ein Synonym für Geld. Wenn ich also aus meinem Büro auf den grünen Zechenriesen des Bergbau-Museums schaue, blicke ich auch auf meine Familiengeschichte – und bin gedanklich mit meinem verstorbenen Großvater verbunden.

Seit 2001 bin ich Mitglied des Kriminalkommissariats 21 in Bochum. Unsere Aufgabe: Bekämpfung der Organisierten Kriminalität. In unserem Polizeipräsidium arbeiten insgesamt 1.923 Beschäftigte. Davon 1.343 Männer und 580 Frauen. (Stand Herbst 2019). In ganz Nordrhein-Westfalen gibt es insgesamt 47 Kreispolizeibehörden und drei Landesbehörden mit ca. 50.000 Beschäftigten und mehr als 42.000 Polizeibeamten.[4]

Die Aufgaben unserer Organisationseinheit sind Ermittlungen von Strukturen in kriminellen Netzwerken. Im Gegensatz zu anderen Kommissariaten, die einen konkreten Straftäter ermitteln, versuchen wir das gesamte Netzwerk hinter einer Tat zu erhellen und letztendlich natürlich auch zu zerschlagen. Deshalb dauern Verfahren, die der Organisierten Kriminalität zugeschrieben werden, auch entsprechend lange, bis sie schließlich beendet werden. In fast jedem OK-Ermittlungsverfahren gibt es Bezüge ins Ausland, manchmal »nur« ins europäische Ausland, mitunter aber auch weltweite Bezüge der zu ermittelnden Täterstrukturen.

Im Vergleich zur herkömmlichen Polizeiarbeit besteht unsere Arbeit darin, dass diese von einer vielköpfigen Ermittlungseinheit durchgeführt wird, also nicht durch einen einzigen Polizisten. Schließlich sind die Aufgabenbereiche so umfangreich und anspruchsvoll, dass man am Anfang einer Ermittlung womöglich selbst noch Laie in der Bewältigung des aktuellen kriminalistischen Phänomens ist.

Vor jedem Verfahren muss sich die Dienststelle für einen Namen des Verfahrens entscheiden. Sonderkommission »Flankengott« klingt natürlich nach Fußball. Die Herkunft des Namens hatte aber rein gar nichts mit Fußball zu tun. Der damalige Staatsanwalt Andreas Bachmann ist begeisterter Pferdeliebhaber. Und eines seiner Pferde hieß eben Flankengott. Wenn das kein passender Name für ein Fußballverfahren ist, dann weiß ich auch nicht.

Die Welt der Sportwetten war für mich persönlich, bis zum Verfahren, komplett unbekannt. In meiner Kindheit hatte ich höchstens mal um eine imaginäre Kiste Apfelsinen beim Elfmeterschießen gewettet. Aber auf einmal war dieses Thema präsent. Plötzlich ging es um Matchfixing! Um was? Um Spielmanipulationen und Wettbetrug im Fußball!

Doch der Reihe nach. Es begann im November 2008 mit einem normalen Ermittlungsverfahren im Drogen- und Rotlichtmilieu im Ruhrgebiet.

Herr eines Ermittlungsverfahrens ist die Staatsanwaltschaft, sie ist quasi der Boss. Der damalige Dienststellenleiter des Kriminalkommissariats 21 und Erster Hauptkommissar war Friedhelm Althans. Obwohl jedes Verfahren irgendwo seine Besonderheiten aufweist, deutete zunächst nichts auf etwas Ungewöhnliches bei der Bearbeitung hin. Tatverdächtige, Absprachen am Telefon und dieselben Vorgehensweisen bei der Begehung der Delikte wie in den meisten Ermittlungen auch. Die strukturelle Arbeitsaufteilung im Kommissariat war bei uns wie immer: Es gab einen

Verfahrensführer, der für die Koordination der Ermittlungen verantwortlich war, dann mindestens einen Aktenführer, der sich um die Struktur der Ermittlungsakten kümmerte, und parallel die Ermittler, von denen jeder eigentlich in jedem Bereich eingesetzt werden sollte: Bearbeitung von Telefonüberwachungen, Observationen, Recherchen, Auswertungen und Zusammentragen der Ermittlungsergebnisse, Schreiben von Ermittlungsberichten, später dann die Durchführung von Durchsuchungen und Festnahmen, Vernehmungen. Und zuletzt sollte man auch in der Lage sein, als Zeuge die kompletten und komplexen Ermittlungsergebnisse vor Gericht zu präsentieren.

Bei einem zeitlich lang angelegten Verfahren erlebt man als Ermittler eine Besonderheit: Man taucht immer tiefer in die kriminellen Strukturen ein. Man lebt quasi in so einem Verfahren. Es ist wie eine Geschichte, wie ein virtuelles Buch, das man liest. Nur kann man sich davon nicht passiv berieseln lassen, sondern greift ständig in irgendeiner Form in die Handlung ein. Man steuert sogar zum Teil die Handlung, indem man bestimmte polizeiliche Maßnahmen ergreift, die den Täter zu einer bestimmten Handlung bewegen sollen.

Ich war einer von 20 Ermittlern. Meine Aufgabe war es, die gerade beschriebenen Ermittlungstätigkeiten durchzuführen. Bei der Soko Flankengott gab es keine festen Arbeitszeiten. Der normale Dienst beginnt um 6.30 Uhr und endet um 15.30 Uhr. Allerdings ist es in einem laufenden OK-Verfahren anders: Wir mussten uns nach den Tätern richten. So mussten zum Beispiel die Telefonüberwachungen dauerhaft betreut werden, um wichtige Informationen zu kriminellen Aktivitäten zu erhalten. Wir waren quasi ständig im Einsatz. Natürlich nicht immer mit der kompletten Dienststelle, doch Teile des Teams waren jederzeit präsent, stets mit dem Ziel, die Tatverdächtigen irgendwann dingfest zu machen.

Wir hatten es mit einer Tätergruppierung zu tun, die wir dem Rotlicht- und Drogenbereich zuordnen konnten. Doch anders als sonst stellten wir fest, dass die Verdächtigen ungewöhnlich hohe Geldsummen, teilweise sechs- und sogar siebenstellige Beträge, auf Fußballspiele wetteten. Auch ihre Gesprächspartner unterschieden sich zum Teil von den bislang gewohnten Tatverdächtigen, wie wir bei unserer Telefonüberwachung feststellten. Es tauchten plötzlich professionelle und zum Teil sehr bekannte Fußballspieler, Trainer und Verantwortliche von Fußballvereinen auf. Das war außergewöhnlich. In den ersten Wochen der Ermittlungen konnten wir uns das überhaupt nicht erklären. Ich dachte mir: Was passiert denn da? Meinen die jetzt das, was wir hören? Das kann doch nicht wahr sein! Wir waren schockiert, entsetzt – aber irgendwie auch neugierig, ob das, was wir da hörten, wirklich real war. Zumal das Täternetzwerk offenbar persönliche Beziehungen zu in Deutschland bekannten Fußballspielern bis hin zur 2. Bundesliga, pflegte. Selbst ehemalige Bundesligaspieler waren Kontaktleute der Kriminellen.

Die abgehörten Verdächtigen besprachen gemeinsame Wettsetzungen, unterhielten sich über Treffpunkte und besprachen etliche Fußballspiele, die bewettet werden sollten. Obwohl wir in unserem ursprünglichen Deliktsbereich (Drogen- und Rotlichtmilieu) schon genug Informationen gesammelt hatten, um Straftaten nachweisen zu können, entschieden wir uns, diese ungewöhnliche Spur im Auge zu behalten und weiter zu verfolgen. Es gab Bankkonten und Geldbewegungen in Deutschland, Österreich, Kroatien, England, Hongkong, Shanghai und auf Malta. Irgendetwas war faul an der Sache. Das spürte man. Ich darf behaupten, dass wir von diesem Zeitpunkt an gearbeitet haben wie die Irren. Mit dem jetzigen Wissen und nach über zehn Jahren kann ich sagen, dass im Nachhinein unsere Hartnäckigkeit und Neugier zu den späteren Ermittlungserfolgen geführt haben. In diesem Deliktsbereich war alles neu – und rückblickend hatten wir das nötige Quäntchen Glück, dass wir genau die Personen aus dem Drogen- und Rotlichtbereich überwacht hatten, die Kontakte zu den Führungsleuten des kriminellen Netzwerks im Bereich Wettbetrug pflegten.

Organisierte Kriminalität setzt ein bestimmtes Niveau an handelnden Tätern voraus. Es gibt klare Merkmale wie zum Beispiel Machtstreben, planmäßige Begehung der Tat, Anwendung von Gewalt zur Einschüchterung, und die Taten müssen von erheblicher Bedeutung sein. Dabei spielt aber auch ein gut verzweigtes Netzwerk mit Kontakten, die oft bis in die höchsten gesellschaftlichen Schichten reichen, eine wichtige Rolle und ist Merkmal der OK. Es geht dabei um die Einflussnahme und Ausnutzung bestehender Kontakte in die Politik, in die Wirtschaft, in die Medien und auch bis hin zu Ermittlungsbehörden. Somit ist es in einem OK-Verfahren immer schwierig, Informationen zu steuern oder zu erlangen, denn man muss sehr bedacht sein, mit wem man die gewonnenen Erkenntnisse teilt oder wer die Quelle einer Information ist.

Wir stellten nach mehreren Wochen der Ermittlungsarbeit fest, dass »unser« kriminelles Netzwerk intensive Kontakte zu Fußballspielern pflegte. Zunächst war es so, dass sich die Kontakte zu Spielern und Trainern auf Deutschland beschränkten. Die Täter und die Sportler benutzten oft Wortschöpfungen, die für uns erst völlig unverständlich waren. Dabei fielen Begriffe wie *»Asien over«*, *»under 2«*, *»over 3«* oder *»Handicap«*. Es mussten Fachbegriffe aus der Welt der Sportwetten sein, so viel war klar. Gewettet wurde bei Anbietern wie HappyBet, Ambassador, Pegasus, Topsport, Tipico, bet-at-home oder Bet3000. Über den in London ansässigen Wettvermittler Samvo wurden Wetten auf dem asiatischen Wettmarkt platziert.

Die Geldsummen, die gesetzt wurden, waren unglaublich. Es wurde mit Geld in dieser Szene nur so um sich geschmissen. Man nannte beispielsweise drei Fußballbegegnungen mit dem Hinweis, das letzte Spiel als »Bank« zu nehmen und zugleich eine »Asia-Wette« zu platzieren. Dafür wollte einer der Tatverdächtigen 120.000 Euro investieren. Ein Spiel als »Bank« zu nehmen, bedeutet, dass man zusätzlich zu den manipulierten Spielen auch auf nicht manipulierte Spiele wettet. »Bank«-Spiele sind Partien, wo ein hoher Favorit gegen einen Außenseiter spielt und man von einem Sieg des Favoriten ausgehen kann. Der Vorteil bei diesen sogenannten Kombinationswetten ist, dass die Wettquoten addiert werden und damit der Wettgewinn höher ist.

Für die jeweiligen Gesprächspartner waren sowohl die Summen als auch die Begrifflichkeiten völlig normal. Das wurde wie selbstverständlich abgehandelt. Wir hatten es allerdings mit Typen zu tun, die vom Werdegang und vom sozialen Status nicht mal über 1.000 Euro verfügen durften. Es war also klar, da musste etwas im Verborgenen dahinterstecken: Geldgeber, eine Geldquelle, lukrative kriminelle Aktivitäten.

Das Platzieren von Wetten mit einem hohen monetären Volumen war quasi an der Tagesordnung. Hier wurden mal 5.000 Euro gesetzt, da noch mal 30.000 Euro. Wenn ein Mafiaboss solche Wetten abschließt, kann man das nachvollziehen. Wenn aber ein Hartz IV-Empfänger 35.000 Euro setzt, ist das eigentlich unvorstellbar. Zwar hatten wir es mit Kriminellen zu tun – auch mit OK-Tätern –, aber bezogen auf die Wettsetzungen beziehungsweise die Übergabe von Geldern für das Platzieren einer Wette waren diese hohen Summen für uns neu und somit außergewöhnlich.

»Ich bekomme noch 175.000 Euro von dir!« – »Ja, aber du kannst 80.000 auf einen Deckel schreiben, 30.000 bekomme ich noch für den Torwart und den Rest verrechnen wir mit den kommenden zwei Spielen.« – »Alles klar!«

Alles klar?

Gar nichts war klar. *Wo, zum Teufel, kam das Geld her?* Wie konnte man so viel Geld auf Fußballspiele platzieren und dabei sicher sein, dass man gewinnt? Wie minimierten die ihr Risiko? Denn Risikominimierung wird von jedem Tätertyp angestrebt, selbst vom Kleinganoven.

Die bewetteten Fußballspiele waren nicht alles Top-Begegnungen aus den höchsten Fußball-Ligen Europas. Ganz im Gegenteil. Offenbar mussten die Ganoven einen solchen Fußballsachverstand haben, dass es für sie kein Problem war, auf unterklassige Partien in diversen Ländern zu wetten. Die 2. Bundesliga, die 3. Liga, die Regionalliga in Deutschland. 1. Liga Österreich, Schweiz, Ungarn, diverse Ligen in Belgien, Finnland, Schweden, Norwegen, später auch Dänemark. Auf ein Spiel der zweiten italienischen Liga (Serie B) wurden beispielsweise im Dezember 2010 6,7 Millionen Euro gewettet. Da sieht man die Dimension. Für uns stellte sich der Sachverhalt dar, als sei es Monopoly: Spielgeld, das da jeden Tag über den Tisch ging.

Dass »unsere Kunden« dann doch nicht so gut Bescheid wussten, offenbarten einige Kleinigkeiten der Telefonüberwachung. Beispielsweise wollte ein Ganove dem anderen mitteilen, dass er 100.000 Euro auf eine Partie der ersten dänischen Liga platzieren sollte. Der Empfänger der Nachricht hatte die Vereinsnamen noch nie zuvor gehört. Das Gespräch endete schließlich damit, dass der Anrufer nach unzähligen vergeblichen Versuchen seinem Gesprächspartner sagte: »Besorg' dir jetzt endlich die Wettzeitschrift und ruf' wieder an.« Es musste also etwas anderes dahinterstecken, zumindest kein außergewöhnlicher (Fußball-)Sachverstand.

Irgendwann wurden nicht mehr die Vereinsnamen durchgegeben, sondern nur noch die Nummern der Begegnungen: »Dänemark, Spiel 1, Finnland, Spiel 4.« Manchmal reichten auch die geografischen Kenntnisse der Gesprächspartner nicht aus, um zu wissen, dass beispielsweise Vestsjælland in Dänemark und Stabæk in Norwegen liegt. Es waren also keine hochkompetenten Fußballexperten am Werk, es ging um lukrative kriminelle Geschäfte. Die Täter setzten solche Summen, weil sie sich sicher waren, dass ihre Wetten Erfolg haben würden. Weil sie Einfluss auf die Protagonisten auf dem Fußballplatz genommen hatten.

Das kriminelle System war brillant durchstrukturiert, und die handelnden Personen waren die, die sich bisher in der Drogenkriminalität aufgehalten hatten. Und jetzt also auch Glücksspiel. Sie hatten ihr kriminelles Handeln letztendlich erweitert. Während einige dafür zuständig waren, mit den »manipulationswilligen« Fußballprofis Kontakt aufzunehmen und die Bestechungssummen zu bezahlen, setzten andere die Wetten beziehungsweise gaben Tipps an Mittäter weiter, damit diese erfolgreich Wetten platzieren konnten. Andere wiederum eröffneten unter ihrem Namen Wett- oder Girokonten zur Verschleierung der Finanzgeschäfte der wahren Hintermänner. Zum Zeitpunkt der Anklageerhebung Ende Dezember 2009 richteten sich unsere Ermittlungen gegen 516 betroffene Personen und 312 manipulationsverdächtige Fußballspiele.

Die Kriminellen wetteten aber nicht nur auf manipulierte Spiele, sondern bewetteten auch nicht-manipulierte Spiele als »Bank«. Das erschwerte unsere Arbeit erheblich. Welches Spiel war nun also manipuliert und welches nicht? Zusätzlich wurde unsere Ermittlungsarbeit noch komplizierter, weil sich die Täter auch untereinander betrogen. Sie spielten sich gegenseitig vermeintlich manipulierte Spiele zu, von denen eine Seite aber wusste, dass sie gar nicht manipuliert waren. Sie nannten ihrem Mittäter einen angeblich manipulationswilligen Spieler, obwohl sie wussten, dass dieser Spieler überhaupt nichts mit Manipulationen zu tun hatte. Warum? Weil sie geldgierig waren! Sie suggerierten ihrem Kompagnon, dass er sich an den Bestechungskosten einer Manipulation, die gar nicht vorlag, beteiligen müsse. Und das tat dieser dann auch, ohne groß nachzufragen. Denn die Aussicht auf illegale Wettgewinne verblendet irgendwann. Und somit hatten die Täter wieder Geld zur Verfügung für andere Wetten und Manipulationen, ohne dafür eine Gegenleistung liefern zu müssen. Weil eine Manipulation nicht immer von »Erfolg« gekrönt ist, gab es im Anschluss keinen Sachbeweis für denjenigen, der sich »blind« an den Zahlungen beteiligt hatte. Es war leicht verdientes Geld unter Ganoven.

Ich schildere diese Betrügereien unter Betrügern, um aufzuzeigen, welchen Problemen wir als Ermittler gegenüberstanden. Wir mussten quasi jedes Wort überprüfen, ob es der Wahrheit entsprach oder nicht. Denn es stand eine Menge auf dem Spiel. Bewerteten wir einen Fußballspieler falsch oder eine Mannschaft, die in diesem kriminellen Netzwerk auftauchte, und wurde dann dieser Spieler oder Verein mit Betrug in Verbindung gebracht, obwohl überhaupt keine strafbare Handlung vorlag, konnten wir eine Karriere und vielleicht sogar ein Leben(-swerk) zerstören. Denn leider kommt es immer wieder vor, dass unsere Akten beziehungsweise Ermittlungsergebnisse in die Hände Dritter und schließlich an die Öffentlichkeit gelangen, doch darauf werde ich später noch zurückkommen.

Für die Ermittlungsarbeit war besonders schwierig zu beurteilen, ob Spieler, deren Namen zum Beispiel in den Abhörprotokollen auftauchen, in Manipulationen verwickelt waren oder nicht. Und wie geht man dann weiter vor? Müssen möglicherweise Unschuldige plötzlich polizeiliche Maßnahmen über sich ergehen lassen, nur weil irgendwelche Kriminellen ihre

Namen einfach wegen ihres Bekanntheitsgrades für sich ausnutzen? Um sich vor ihren Mittätern damit zu brüsten, dass sie Kontakte zu bekannten Fußballprofis haben? Und leider kam es so, wie es kommen musste: Ich erlebte durch die Telefonüberwachung, wie ein ehemaliger Bundesligatorhüter vom kriminellen Netzwerk als »manipulationswillig« bezeichnet wurde. Angeblich sollte der Torwart 50.000 Euro vom kriminellen Netzwerk für eine Manipulation erhalten. Die Geschichte wurde so glaubwürdig am Telefon erzählt, dass wir tatsächlich davon ausgehen mussten, dass dieser Torhüter in den Fängen der Betrüger steckte beziehungsweise mit ihnen gemeinsame Sache machte. Später vernahm ich den Fußballspieler zu diesen Vorwürfen und ich spielte ihm die Telefonüberwachungsgespräche vor. Er war fassungslos, fiel aus allen Wolken und stritt jede Tatbeteiligung völlig zu Recht ab. Aber auch für ihn waren die Schilderungen der Kriminellen glaubhaft, und er selbst konnte daher absolut nachvollziehen, dass er im polizeilichen Fokus stand.

Das Problem an so einem Fall ist nicht nur die Tatsache, dass die Polizei aufgrund eines Anfangsverdachts gegen jemanden ermitteln muss, der überhaupt keine Straftat begangen hat. Sollte darüber hinaus die Presse davon erfahren und darüber auch berichten, hat der Sportler so gut wie keine Chance. Er wird in den Medien mit Bestechung und Wettskandal in Verbindung gebracht, doch später liest niemand mehr, dass die Vorwürfe nicht haltbar waren oder sogar gänzlich unbegründet.

Natürlich darf und werde ich an dieser Stelle nicht über polizeitaktische Maßnahmen berichten. Aber ich kann durchaus erwähnen, dass dieser schmale Grat zwischen Schutz und Geheimhaltung des verdeckten Verfahrens und der Brisanz, dass Dinge an die Öffentlichkeit gelangen könnten, weil der »große Fußball« im Mittelpunkt der Ermittlungen stand und deshalb an irgendeiner Stelle Dinge nach außen getragen werden könnten, eine extreme Belastung für unsere Dienststelle war. Wir mussten wirklich akribisch darauf achten: Mit wem redet man? Wie kann man sich so diskret wie möglich von außerhalb seriöse Informationen beschaffen? Und wer ist überhaupt vertrauenswürdig?

Es ist die Sensationsgier, die mehr oder weniger in jedem von uns steckt. Ein Problem, das es natürlich auch bei der Polizei gibt. Ermittlungen gegen einen bekannten Bundesligatrainer können auch bei Ermittlungsbehörden verbotenerweise weitergetragen werden. Man selbst wertet sich auf, weil man über Insiderwissen verfügt. So gelangen solche Informationen schnell an Dritte, die davon nichts wissen sollten und erst recht nichts wissen dürfen.

Natürlich ist jedem Polizisten bewusst, was er tun darf und was nicht. Jeder Polizist weiß auch, dass solche Informationen nicht weitergegeben werden dürfen. Aber Polizisten sind nicht unfehlbar, deshalb bedeutet das für OK-Ermittlungen: Hier ist eine besondere Geheimhaltung zwingend erforderlich, also sucht man sich die Gesprächspartner vorher sehr gut aus.

Nach einem halben Jahr Ermittlungsarbeit hatte sich das kriminelle Netzwerk der Wettbetrüger über die deutsche Landesgrenze hinaus ausgeweitet: Belgien, Österreich, Schweiz, Großbritannien, Finnland, Schweden, Norwegen, Ungarn. Jeden Tag ergaben sich neue verdächtige Spiele. Jeden Tag neue verdächtige Fußballspieler, Trainer, Schiedsrichter, Funktionäre. Wohin sollte das führen? Ich hatte das Gefühl, dass der gesamte Fußball verseucht war. Nach wie vor schaute ich mir privat als Fußballfan

Polizei in Budapest In diesem Gebäude fanden mehrere Vernehmungen durch mich mit einem der weltweit größten bekannten Matchfixer statt. Unterstützt wurden wir bei den Arbeiten in Ungarn durch Europol.

die Übertragungen im TV oder im Stadion an. Aber ich muss zugeben, dass ich dabei zwangsläufig gleichzeitig an die überwachten Telefongespräche der Kriminellen und an den Sachstand unserer Ermittlungen denken musste. Eine groteske Situation. Waren die Spiele, die ich mir jetzt privat anschaute, auch manipuliert? Warum eigentlich nicht? Jede Fehlentscheidung des Schiedsrichters auf dem Platz brachte mich ins Grübeln. Ich begann, meinen geliebten Fußball mit ganz anderen Augen wahrzunehmen. Nach der Übertragung eines Spiels ging ich ins Bett, um am nächsten Morgen auf der Dienststelle wieder die Kopfhörer aufzusetzen und in die Welt der Wettbetrüger einzutauchen. Es schien alles so einfach zu sein, ein Kinderspiel. Spieler A bekommt 10.000 Euro, um im nächsten Spiel einen Elfmeter zu verursachen. Spieler B traf sich mit Täter C auf dem Rastplatz, bekam Bestechungsgeld und versprach dafür zu sorgen, dass sein Verein im nächsten Spiel mindestens zwei Gegentore kassiert.

Was für mich Monate zuvor noch undenkbar gewesen wäre, war plötzlich krimineller Alltag. Und die Dimensionen nahmen zu. Wir waren jetzt so weit vorgedrungen, dass wir mitbekamen, dass ganze Fußballvereine von Kriminellen infiltriert und gesteuert wurden. Fußballprofis, der Trainer und sogar der Vereinspräsident eines damaligen UEFA-Cup- (heute Europa League-) Teilnehmers nahmen Gelder für Manipulationen an. Sportlicher Ehrgeiz? Fehlanzeige! Die Geldgier war mehr wert als ein sauberer 1:0-Sieg. Nein, das waren keine Thekenmannschaften aus einem Großstadtvorort, die es nicht so genau nahmen und ein bisschen aus Spaß an der Freude schummelten, damit alle etwas davon haben. Die Wettpaten fanden in professionellen Fußballklubs Gehör an oberster Stelle.

Innerhalb der Soko Flankengott wurde jeden Tag geschuftet, sieben Tage in der Woche. Wir waren jeden Tag im Einsatz, jedes Wochenende war verplant. Das ist in einer großen Sonderkommission grundsätzlich so. Allerdings kamen in diesem speziellen Fall noch rechtliche Entscheidungen auf uns zu, mit denen eine Ermittlungsbehörde nicht täglich konfrontiert ist. Weil das Ausmaß dieser Kriminalität inzwischen auch viele andere Länder berührte, mussten wir mit verschiedenen ausländischen Ermittlungsbehörden zusammenarbeiten: in Österreich, Kroatien oder Griechenland, um nur einige zu nennen. Wenn beispielsweise ein Drogenkurier Betäubungsmittel von den Niederlanden nach Deutschland schmuggelt und dabei erwischt wird, arbeitet man so gut es geht mit niederländischen Behörden zusammen. Das ist für uns Alltag. Aber was macht man, wenn zehn Länder gleichzeitig betroffen sind und in jedem dieser Länder andere Gesetze gelten? Es ging also um eine internationale Zusammenarbeit, die sehr oft der Rechtshilfe bedurfte. Rechtshilfe bedeutet, vereinfacht gesagt, die Unterstützung in Strafsachen auf internationaler Ebene. In der Realität ist es ein langatmiger Prozess, der mitunter schon mal mehrere Wochen dauern kann.

Wenn ich also ermittlungsrelevante Informationen aus einem anderen Land benötige, schreibe ich ein entsprechendes Ersuchen an die Staatsanwaltschaft in Deutschland – für mich ist es die Staatsanwaltschaft Bochum –, und von dort wird die Staatsanwaltschaft in dem entsprechenden Land informiert und um die benötigten Informationen gebeten. Zusätzlich zur Rechtshilfe gibt es den Weg des internationalen polizeilichen Informationsaustausches. Über diesen Weg kann ich sogar schnell und einfach an die benötigten Informationen kommen, allerdings mit einem Haken: Ich darf sie erst in meinem Ermittlungsverfahren offiziell verwenden, wenn mir die ausländische Justiz über den oben beschriebenen Weg von Staatsanwaltschaft zu Staatsanwaltschaft die Erlaubnis zur Verwertung der Informationen gegeben hat.

Aber was sollten wir tun, als wir in der Soko Flankengott permanent Informationen erhielten, die auch alle ins Ausland führten? Da war es quasi unmöglich, für jede Information ein neues Rechtshilfeersuchen zu stellen. Bis die jeweiligen bewilligten Antworten aus dem Ausland bei uns eingetroffen wären, hätte sich schon die Hälfte der Soko in Pension befunden. Also ein völlig untauglicher Versuch, mit dem Ausland zusammenzuarbeiten. Eine weitere Hürde sind die unterschiedlichen Gesetze in Europa. Wenn das deutsche Gesetz für eine bestimmte Straftat als polizeiliche Maßnahme die Telefonüberwachung erlaubt, was in einem anderen europäischen Land jedoch rechtlich nicht bewilligt wird, dann ist es natürlich sehr schwer, an die benötigten Informationen zu kommen. Das Gleiche gilt auch für alle anderen polizeilichen Maßnahmen. Beispiel: Ich bitte die Polizei in Norwegen oder Griechenland, für die Erhellung unseres (deutschen) Sachverhaltes Observationsmaßnahmen zu ergreifen. Doch das norwegische oder griechische Recht sieht überhaupt keine Möglichkeit vor, in einem solchen Fall zu observieren. Was dann? Dann muss ich auf diese Informationen verzichten und somit möglicherweise auf die Aufklärung eines Verbrechens. Oder man findet andere rechtliche Wege, um dennoch an die benötigten Hinweise zu kommen.

Aus eigener Erfahrung kann ich sagen, dass wir, was die internationale Strafverfolgung angeht, Lichtjahre von einem vereinten Europa entfernt sind. Viele Entscheidungen im polizeilichen Bereich sind nicht an Recht und Gesetz geknüpft, sondern hängen auch immer von der Motivation derjenigen ab, die diese Vorgänge auf dem Schreibtisch haben. Wenn der Staatsanwalt in Italien oder Großbritannien zunächst mal andere Dinge erledigt, aus welchen Gründen auch immer, dann müssen wir eben warten. Man darf dabei nicht außer Acht lassen, dass der Grund für eine träge europäische Zusammenarbeit nicht nur an der Masse der eingehenden Rechtshilfeersuchen scheitert, sondern auch schlicht und einfach an der Faulheit der Sachbearbeiter. Das heißt: Die Kriminellen machen lustig weiter – und uns sind die Hände gebunden.

Ein Beispiel: Seit etwa zehn Jahren warte ich auf die Antwort einer europäischen Polizeidienststelle, die ich um Informationen zu einem Sachverhalt im Rahmen der Ermittlungen der Soko Flankengott angeschrieben hatte. Bis zum heutigen Tag gibt es keine Antwort auf mein Ersuchen. Wie haben wir also trotz aller (europäischen) Widrigkeiten die Hindernisse überwunden? Unsere täglichen Dienstbesprechungen befassten sich auch immer mit der Lösung von rechtlichen Problemen. Zudem informierten wir uns bei Fachleuten wie zum Beispiel Eurojust. Dabei handelt es sich um eine Justizbehörde der Europäischen Union.

Was ist Eurojust?

Die Behörde unterstützt die justizielle Koordinierung und Zusammenarbeit zwischen nationalen Behörden bei der Bekämpfung von Terrorismus und schwerer organisierter Kriminalität, die mehr als ein EU-Land betrifft, durch folgende Maßnahmen:

- Koordinierung von Ermittlungen und Verfolgungen, an denen mindestens zwei Länder beteiligt sind.
- Unterstützung bei Kompetenzkonflikten.
- Festlegung und Umsetzung EU-weiter Rechtsmittel, zum Beispiel durch europäische Haftbefehle oder Beschlagnahmung und Entscheidung über die Sicherstellung von Vermögensgegenständen.

Zu diesem Zweck organisiert Eurojust Koordinierungssitzungen, finanziert und liefert Fachkenntnisse für gemeinsame Ermittlungsgruppen und richtet Koordinierungszentren ein.

Die Struktur: Das politische Gremium von Eurojust (»Kollegium«) setzt sich aus je einem hochrangigen Staatsanwalt oder Richter aus jedem EU-Land zusammen. Jeder dieser Vertreter ist für sein nationales Verbindungsbüro zuständig.

www.eurojust.europa.eu

Wir kamen schließlich zu dem Ergebnis, dass es unumgänglich war, diese Ermittlungen an anderer Stelle koordinieren zu lassen. Für solche Fälle gibt es Europol mit Sitz in Den Haag.

Was ist Europol?

Die Behörde mit Sitz in Den Haag in den Niederlanden unterstützt die 28 EU-Mitgliedsstaaten bei der Bekämpfung schwerer Formen der internationalen Kriminalität und des Terrorismus. Außerdem arbeitet Europol mit zahlreichen Partnerländern außerhalb der EU und mit internationalen Organisationen zusammen und bekämpft länderübergreifend Netzwerke der Kriminalität wie Terrorismus, internationalen Drogenhandel und Geldwäsche, organisierte Betrugsdelikte, Fälschung des Euro und Schleuserkriminalität.

www.europol.europa.eu

Um die beschriebenen Probleme der Rechtshilfe zu überwinden, wurde bei Europol zunächst ein sogenanntes Joint Investigation Team (JIT) gegründet, was ein rechtlich komplexer Vorgang ist, bei dem es zu einer Vertragsunterzeichnung der Mitgliedsstaaten kommt, um genau zu definieren, welche Form der Rechtshilfe gegenseitig gewährleistet wird.

So gab es regelmäßige Treffen bei Europol mit den beteiligten Staaten, aber auch mit weiteren Ländern, die einem solchen Vertrag nicht zustimmen wollten oder konnten, um gemeinsam über die Vorgehensweise in Sachen Spielmanipulation und Wettbetrug zu beratschlagen. Schon damals zeichnete sich ab, dass nicht alle beteiligten Länder mit dem gleichen Enthusiasmus bei der Sache waren, wie man es sich hätte wünschen können. Ich pendelte häufig zwischen Bochum und Den Haag in den Niederlanden, 480 Kilometer hin und zurück, fast immer mit dem Auto. Von geregelten Arbeitszeiten konnte da keine Rede mehr sein, und mein Familienleben kam dabei auch zu kurz, doch ernsthafte Schwierigkeiten gab es keine. Im Gegenteil: Meine Frau hatte großes Verständnis für meine Situation, sie ist ja selbst Polizistin.

Am 19. November 2009, fast ein Jahr nach Beginn unserer Ermittlungen, hatten wir genügend Beweise und entschieden uns zum Zugriff. Auf Antrag der Staatsanwaltschaft wurden 15 Haftbefehle in Deutschland vollstreckt und mehr als 50 Durchsuchungsbeschlüsse in Nordrhein-Westfalen, Baden-Württemberg, Bayern, Berlin, Niedersachsen, Schleswig-Holstein, der Schweiz, Österreich und Großbritannien vollzogen. Zudem erfolgten zwei weitere Festnahmen in der Schweiz durch die dortigen Behörden. In Deutschland lagen die Schwerpunkte unserer Festnahmen in Berlin, Nürnberg und im Ruhrgebiet. In der Pressemitteilung der Bochumer Behörden hieß es dazu weiter:

»Im Zuge der bisherigen Ermittlungen wurden ca. 200 Fußballspiele im In- und Ausland festgestellt, bei denen konkret der Verdacht besteht, dass es zu versuchten oder vollendeten Manipulations- bzw. Betrugshandlungen gekommen ist. (...) Bei den durchgeführten Maßnahmen wurde umfangreiches Beweismaterial sichergestellt, dass es einer detaillierten Auswertung bedarf, die noch geraume Zeit in Anspruch nehmen wird. Daneben wurden Bargeld und Vermögenswerte in Höhe von mehr als einer Million Euro gesichert.«

Gebäude Europol Hier fanden die polizeilichen Treffen mit anderen ausländischen Dienststellen statt. Ebenso wurde hier der Vertrag unterschrieben, als es zu einem sogenannten JIT (s. S. 49 und S. 129) kam.

Die Tage vor solch einer Razzia sind außergewöhnlich und absolut angespannt. Im Geiste spielt man durch, wie man sich positioniert. Was macht man in brenzligen Situationen, wenn es zu einem Schusswaffeneinsatz kommt? Was macht man, wenn der Betroffene Widerstand leistet? Ich ziehe mich dann innerlich zurück und spiele im Kopf verschiedene Abläufe durch:

- Der Täter ist bewaffnet.
- Der Täter versucht sich der Festnahme zu entziehen.
- Es sind weitere Betroffene in der Wohnung, mit denen nicht zu rechnen war.
- Es sind Tiere (Hunde) in der Wohnung.
- Der Täter versteht mich nicht (Ausländer).
- Es sind Drogen im Spiel.
- Es sind nicht genug Polizeikräfte vor Ort.

Zudem schlafe ich unruhig, weil man ständig unter Strom steht und die oben genannten Dinge im Kopf hat. Anspannung oder sogar Angst spielt vor jedem dieser Einsätze bei mir mit. Es kann immer zu einem Schusswechsel kommen, wir haben es ja mit Tätern aus der OK zu tun. Wenn es dann losgeht, verabschiede ich mich entsprechend herzlich von der Familie. Ich gehe zwar immer vom Positiven aus, aber natürlich hat man im Hinterkopf, dass es zu gefährlichen Zwischenfällen kommen kann.

Einen Tag später, am 20. November 2009, kam es dann zur großen Pressekonferenz im Bochumer Polizeipräsidium. Wir hatten einen medialen Zulauf, wie ich ihn bis dahin noch nicht erlebt hatte. Übertragungsfahrzeuge der TV-Anstalten, Straßen wurden zum Teil gesperrt, die ansonsten abgeschottete Dienststelle glich einem Durchgangsweg. Unzählige unbekannte Gesichter. Hektik, jeder stellte irgendwelche Fragen. Vor dem Präsidium wurde man taxiert (gehört der zu den Ermittlern oder nicht). Die Telefone klingelten ununterbrochen. Sämtliche Fernsehsender und Tageszeitungen wollten etwas wissen. Ich erinnere mich noch genau daran, dass ich abends nach Hause kam, und noch bevor ich die Wohnung betreten konnte, sprach mich ein befreundeter Nachbar an. »Stimmt das wirklich, was die da schreiben?«, wollte er wissen. »Das ist unfassbar! Was für ein Sumpf.« Ich erklärte ihm, dem bekennenden BVB-Fan, dessen ganze Familie in Schwarz und Gelb denkt, dass es alles noch viel schlimmer sei. Natürlich nannte ich ihm keine Details, sondern sagte ihm nur, dass es wahr sei, was da in den Zeitungen stand. Nach einer gefühlten halben Stunde betrat ich die Wohnung. Da saß schon mein Vater – ebenfalls Polizeibeamter. Und zusammen mit ihm und meiner Frau eröffneten wir quasi eine weitere dienstliche Besprechung, bei der wir rechtliche Fragestellungen und Schwierigkeiten, die in den nächsten Tagen auftauchen könnten, diskutierten.

Von nun an standen jeden Tag Medienvertreter im Präsidium und wollten Antworten. Wir diskutierten auch zu Hause, welche Möglichkeiten der weiteren verdeckten Ermittlungen es jetzt noch gäbe. Und so kann man sich tatsächlich auch den Verlauf der nächsten Wochen vorstellen. Es ist nichts besonderes für mich und meine Familie, dass wir zuhause über dienstliche Dinge reden. Wir sind quasi 24/7 Polizeibeamte. Aber in dieser Phase hatte ich das Gefühl, als wolle die ganze (Fußball-) Welt Antworten haben. Am Ende fiel ich todmüde ins Bett – nur um am nächsten Morgen aufzuwachen und den ganzen Wahnsinn fortzusetzen.

Es erwies sich, dass wir ab dieser Phase relativ machtlos waren, was die Weitergabe von Informationen anging, spätestens aber dann, wenn Teile der Akten oder ganze Akten herausgegeben werden müssen, also den abgeschotteten Bereich verlassen und an die Staatsanwaltschaft und an die Anwälte der Verdächtigen gehen. Ich wundere mich immer wieder, wie es Journalisten gelingt, in den Besitz kompletter Ermittlungsakten zu gelangen. Ich habe viele Vermerke geschrieben mit dem Hinweis, dass mir wieder einmal ein Journalist erzählt hat, dass er die kompletten Akten habe oder Teile davon oder Vernehmungen.

Ich selbst musste erleben, dass meine Auswertungsberichte und auch die der Kollegen in türkischen Tageszeitungen erschienen. Und zwar mit den Echtdaten. Das heißt, es wurden die kompletten Namen der Tatverdächtigen veröffentlicht, es wurden Ermittlungsergebnisse weitergegeben und Spiele benannt, die unter Manipulationsverdacht standen. Eine Ungeheuerlichkeit, noch während der laufenden Ermittlungen. Aus meiner Sicht ein Skandal, der überdies in Deutschland strafbar ist. Das Gesetz dazu ist eindeutig, es wurde 2014 vom Bundesverfassungsgericht bestätigt: *»Gemäß § 353d Nr. 3 StGB wird bestraft, wer die Anklageschrift oder andere amtliche Schriftstücke eines Strafverfahrens, eines Bußgeldverfahrens oder eines Disziplinarverfahrens, ganz oder in wesentlichen Teilen, im Wortlaut öffentlich mitteilt, bevor sie in öffentlicher Verhandlung erörtert worden sind oder das Verfahren abgeschlossen ist.«*

Doch die Veröffentlichung erfolgte in der Türkei, und es war nicht nur eine Behinderung unserer Ermittlungen. Eine große türkische Tageszeitung druckte die Namen der involvierten Fußballspieler und Tatverdächtigen des kriminellen Netzwerks der Organisierten Kriminalität ab, was fatale Folgen hätte haben können. Die genannten Personen waren von diesem Zeitpunkt an nicht nur einer unkontrollierbaren Situation ausgesetzt, sondern konnten auch in eine lebensbedrohliche Lage geraten. Das kriminelle Netzwerk war nicht nur über den ganzen europäischen Kontinent verteilt, es erreichte auch die Türkei und weite Teile Asiens. Dabei gab es unterschiedliche Gruppierungen, die sich teilweise mit harter Gewalt bekämpften. Womöglich wurde durch die Bekanntgabe eines Spielernamens oder eines Mittäters eine kriminelle Gruppierung überhaupt erst aufmerksam auf die Person, die nun einem Spießrutenlauf ausgesetzt war. Oder es wurden Spieler benannt, die zwar verdächtig waren, tatsächlich aber nichts mit einer Manipulation zu tun hatten.

Wer gibt solch brisante und vor allem geheime Informationen weiter? Polizisten? Staatsanwälte? Rechtsanwälte? Die Tatverdächtigen selbst? Letztendlich werden wir wohl nie in jedem Fall einigermaßen befriedigend klären können, wie und warum Dienstgeheimnisse »durchgestochen« werden, wie man diesen Akt in der Medienbranche und der Politik nennt, wo man offensichtlich mehr Erfahrungen mit der Weitergabe von internen Erkenntnissen oder Vorgängen an die Presse hat.

Die Motive für »Durchstechereien« dieser Art sind vielfältig, das kann an Eitelkeiten im Umgang mit den Medien liegen oder aber an der Sorge, dass die Ermittlungen in die falsche Richtung gehen könnten. Wie dem auch sei – ein Motiv ist in fast allen Fällen vorhanden: Man will Druck ausüben. Auf die Polizei, auf die Staatsanwaltschaft als vorgesetzte Behörde. Durch die Veröffentlichungen von internen Ermittlungsergebnissen der Soko Flankengott stieg auch bei uns der Druck.

Natürlich stürzen sich die Journalisten gern auf solche Informationen, das ist auch ihr Job. Doch bei allem Verständnis für die Arbeit und die Aufgaben der Medien muss ich auch sagen, dass »Durchstechereien« von internen Informationen den Erfolg unserer Arbeit erschweren, bisweilen sogar gefährden. Die Presse und die Öffentlichkeit wollen Antworten? Gut so! Aber schnelle Antworten, die dann überhastet verbreitet und schließlich wieder geradegerückt werden müssen? Nein, darum sollte es nicht gehen. Es ist doch klar, dass man das als Staatsanwaltschaft und Ermittlungsgruppe verhindern möchte. Es geht mir gar nicht darum, die Arbeit von Journalisten zu kritisieren oder zu bewerten. Ich möchte lediglich aufzeigen, was es für ein laufendes Ermittlungsverfahren bedeutet, wenn plötzlich geheime Informationen an die Öffentlichkeit gelangen. Im Fall der Veröffentlichungen in der türkischen Zeitung recherchierte ich selbst, um herauszufinden, wer die Quelle der Weitergabe dieser brisanten, geheimen Informationen war. Meine Spur verlief sich in Berlin.

Wie brisant unsere Hinweise und gleichzeitig wie hilflos wir zum Teil auch waren, zeigt ein konkretes Beispiel von damals: Kurz vor dem Anpfiff eines Spiels der 2. Bundesliga erhielten wir die Information, dass es zu Manipulationshandlungen kommen sollte. Was nun? Man stelle sich nur vor: 20.000 Zuschauer im Stadion, da kommt der Hinweis, dass das gleich beginnende Spiel manipuliert wird. Sollen jetzt alle nach Hause geschickt werden? Soll das Spiel abgesagt werden? Und was dann? Beim nächsten Spiel stehen vermutlich dieselben Akteure auf dem Platz. Wird dann wieder manipuliert? Wer sind die involvierten Spieler?

Und wenn man gar nichts unternimmt, was passiert dann? Im Nachhinein müsste man zugeben, dass es Verdachtsmomente gab, man sich aber nicht durchringen konnte, die Begegnung abzusagen. Der geschädigte

Verein könnte Einspruch gegen die Spielwertung einlegen. Was würde das für den laufenden sportlichen Wettbewerb bedeuten?

Ähnliches gab es ja schon einmal im Fall des Schiedsrichters Robert Hoyzer. Der Hamburger SV verlor am 21. August 2004 gegen den SC Paderborn im DFB-Pokal mit 2:4. Hoyzer hatte als Unparteiischer durch zwei umstrittene Strafstöße und einen Platzverweis absichtlich Einfluss auf das Spiel genommen. Später wurde er zu einer Haftstrafe verurteilt. Dem Hamburger SV wurde seinerzeit vom DFB eine Entschädigung von 500.000 Euro sowie Einnahmen von 1,5 Millionen Euro aus einem Länderspiel der deutschen Nationalmannschaft in Hamburg zugesprochen.

Bei dem erwähnten Manipulationshinweis eines Zweitligaspiels entschieden wir uns dazu, den DFB in Kenntnis zu setzen. DFB-Verantwortliche gingen dann kurz vor Spielbeginn in die Kabinen der Mannschaften und berichteten von dem Verdacht. Ihre Hoffnung war, dass der oder die möglichen Beteiligten somit wussten, dass dieses Spiel unter einer besonderen Beobachtung stand und deshalb von ihrem möglichen Vorhaben absahen. Ob diese Maßnahme im Endeffekt erfolgreich war, kann ich bis heute nicht sagen.

Als wir das Verfahren »Flankengott« mit unserer Dienststelle übernahmen, war ich bereits seit acht Jahren in dieser Einheit und hatte schon erfolgreich mit meinen Kollegen an anderen großen OK-Verfahren gearbeitet. Damals, als ich zur Dienststelle kam, bestand die Truppe nur aus elf Kollegen, und wir arbeiteten wirklich sehr eng zusammen. Zu meinem damaligen Dienststellenleiter, dem Ersten Hauptkommissar Friedhelm Althans, hatte ich, zumindest aus meiner Sicht, ein sehr gutes Verhältnis, ich würde sogar sagen: Er war mir ein väterlicher Vorgesetzter. Ich war mit Abstand der jüngste Kollege, und Friedhelm war ein alter Hase. Rechtlich war er immer auf einem hohen Level. Er wusste ganz genau, wie er vorzugehen hatte. Das sollte man vielleicht auch erwarten können, aber was mich an diesem Mann beeindruckte, war etwas ganz anderes: Er war ebenso vom Erfolg besessen wie ich. Er ging, bildlich gesprochen, über kilometerhohe Hindernisse, nur um am Ende das polizeiliche Ziel zu erreichen. Dabei schreckte er vor nichts und niemandem zurück.

So bin ich auch. Das hatte er schnell erkannt, er förderte mich, wo immer er nur konnte. Zudem stärkte Friedhelm mir auch bei allem, was ich tat, den Rücken. Ich hatte sämtliche Freiheiten und konnte mich entfalten. Wenn ich Ideen hatte, wie man zum Beispiel noch an Informationen kommen konnte, brauchte ich ihm nur kurz von meinem Vorhaben Bescheid zu geben, und er nickte es dann ab, ohne weitere Nachfragen. Er hat mir vertraut, weil er wusste, dass er sich auf mich verlassen konnte. Und ich habe geliefert. Aufgrund dieses guten Verhältnisses übertrug er mir viele Aufgaben, von denen er wusste, dass man sich da reinbeißen musste. Dieses Verhältnis blieb den anderen Kollegen natürlich nicht verborgen. Als wir anfangs noch in der kleinen Truppe von elf Mann gemeinsam kämpften, war das kein Problem. Es wurde mir wirklich leicht gemacht. Auch von den anderen Kollegen bekam ich große Wertschätzung, wobei ich auch sagen muss, dass der Zusammenhalt sehr gut war.

Friedhelm Althans ließ auch keine Gelegenheit aus, um seine Position deutlich zu machen. Er war der Dienststellenleiter, ich war sein »Lellek«. Das Wort stammt aus dem Polnischen und heißt eigentlich Ziegenmelker. Es ist im Ruhrgebiet sehr verbreitet und bedeutet im Deutschen Laufbursche, allerdings hat es manchmal auch einen negativen Beigeschmack. Viele verstehen unter einem Lellek einen ziemlich einfältigen, aber sturen Lakaien. Althans nannte mich jedenfalls so – und stellte mich tatsächlich auch bei anderen Dienststellen so vor, aber immer mit einem Lächeln. Für mich war das eine Wertschätzung. Denn spätestens wenn es um dienstliche Belange ging, wurde sehr schnell deutlich, was er von mir und meiner Arbeit hielt. Und so übertrug er mir auch recht schnell Aufgaben, die von besonderer Qualität waren. Dienstliche Vorträge bei Europol in englischer Sprache zu halten gehörte dazu, Kontaktaufnahmen und Erörterungen des kriminellen Netzwerks im Ausland waren eine weitere Aufgabe. Ich durfte meine Vernehmungen grundsätzlich allein durchführen. Eigentlich hatte ich bei ihm alle Freiheiten und konnte meine Fähigkeiten so nutzen, wie ich es für am sinnvollsten hielt. Friedhelm Althans achtete nur auf das Ergebnis. Und da waren seine Ansprüche entsprechend hoch.

Daran konnte ich als junger Kollege im Bereich der Organisierten Kriminalität wachsen, denn Friedhelm Althans erwartete nicht, dass ich mich anpasste. Er schätzte mein Auftreten genau so, wie es war. Geradeheraus. Und ich hatte den Vorteil, dass ich so bleiben konnte, wie ich war. Nicht, dass ich mich jemals geändert hätte, aber es ist doch schon ein anderes, angenehmeres Arbeiten, wenn man nicht jeden Tag gegen Windmühlen ankämpfen muss. Das kam später. Friedhelm Althans wurde 2015 pensioniert. Und damit brach ein enger Verbündeter für mich weg.

Als wir so ziemlich auf dem Höhepunkt unserer Ermittlungen waren und die Presse sich auf die Thematik stürzte, gab es immer häufiger Anfragen zu Interviews. Das übernahm eigentlich immer der Dienststellenleiter. Was die Ermittlungen in dieser Sache anging, kämpfte ich jedoch ganz weit vorn.

Doch im Laufe unserer jahrelangen Ermittlungen kam es allmählich zu einer Veränderung. Man könnte sagen, die Stimmung kippte. Die Bochumer Polizeiführung hatte uns jahrelang den Rücken gestärkt. Wir hatten ja inzwischen weltweite Ermittlungen angestrebt, wofür uns in Bochum normalerweise die polizeiliche Zuständigkeit fehlte. Doch wir hatten gewissermaßen einen Sonderstatus. Das lag nicht zuletzt an Friedhelm Althans und dem ermittelnden Oberstaatsanwalt Andreas Bachmann. Sie sorgten immer wieder dafür, dass wir noch weiter ermitteln konnten. Aufgrund ihrer Überzeugungsarbeit bekamen wir auch grünes Licht von der höchsten Bochumer Polizeiführung.

Doch es machte sich auch Unmut breit, als man erkannte, dass 20 Kollegen seit mehreren Jahren an einem Sachverhalt arbeiteten, der Bochum gar nicht mehr berührte. Fragen wie *»Warum ermittelt ihr denn schon wieder in Afrika?«* oder *»Na, habt ihr eure Anzeige schon nach Singapur geschickt?«* waren plötzlich an der Tagesordnung. Auch innerhalb unserer Dienststelle stellten sich viele Kollegen ähnliche Fragen wie: *»Warum sollen wir noch ermitteln, Bochum hat rein gar nichts mehr damit zu tun?«*

Diese Einwände waren und sind berechtigt und auch verständlich, doch nur aus organisatorischer Sicht. Selbstverständlich ist Bochum schon lange nicht mehr zuständig. Und es gibt auch den dringenden Bedarf, den innerdeutschen beziehungsweise den Bochumer oder regionalen kriminellen Bereich zu bearbeiten, denn der Bürger hat ein Anrecht darauf, dass seine Interessen geschützt werden.

Aber das ist nur die halbe Wahrheit. Zur ganzen Wahrheit nämlich gehört auch, dass ich wieder und wieder Hinweise zu Kriminellen und von Kriminellen bekam, die mit Straftaten im Bereich der Spielmanipulation und des Wettbetrugs zu tun hatten. Dass gerade ich diese Hinweise bekam und bis heute bekomme, mag damit zu tun haben, wie ich mit Menschen (gleich ob »braver Bürger« oder »Krimineller«) umgehe, und vielleicht macht mich meine Einstellung zu meiner Arbeit für Außenstehende besonders glaubwürdig. Als Polizeibeamter habe ich eine Strafverfolgungspflicht – ich darf also keineswegs sagen, »interessiert mich nicht«. Und selbstverständlich kommen Hinweise nicht in erster Linie aus Bochum, sondern aus ganz Deutschland und Europa, und sie betreffen auch ganz Deutschland und darüber hinaus das Ausland.

So wurde am 18. Mai 2017 die Begegnung der ersten schwedischen Liga Allsvenskan zwischen AIK Stockholm und IFK Göteborg abgesagt, weil die schwedische Polizei Verdachtsmomente im Hinblick auf eine beabsichtigte Manipulation hatte. In einer anderen Sache führten meine Hinweise an die schwedischen Kollegen zu einem größeren Ermittlungsverfahren in Schweden und zu mehreren Festnahmen. Ich bin im Juni 2015 nach Stockholm, Anfang 2016 nach Göteborg, im November 2017 wieder nach Stockholm gefahren und habe Unterlagen, Spielerprofile, Analysen von Spielen und verdächtigen Profis – betroffene schwedische Profis der 1. und 2. schwedischen Liga und Spieler anderer Nationalitäten, die auch bereits in anderen europäischen Top-Ligen tätig waren – den Kollegen übergeben.

Auch in die Niederlande habe ich wiederholt Beweismittel über Täterstrukturen gebracht. Die Treffen mit den Kollegen fanden in Amsterdam, Den Haag, Dordrecht und Haarlem statt, es ging um Absprachen im holländischen Profi-Fußball. Das niederländische Justizministerium hat in einem kritischen Fernsehbericht des Senders NOS geäußert, dass die Hinweise aus Deutschland nicht ausreichend waren, was aus meiner Sicht trotz unterschiedlicher Rechtssysteme als fragwürdig zu bezeichnen ist.

Ebenso wurden von mir Angaben zu Matchfixern, verdächtigen Fußballspielern und Partien der ersten dänischen Liga nach Kopenhagen geliefert. Die angebotene Hilfe und Hinweise zur Aufklärung von kriminellen Strukturen im dänischen Fußball wurden höflich zur Kenntnis genommen – allerdings damals wie heute ignoriert.

Durch Informationen eines Wettpaten hatte ich auch konkrete Hinweise, dass es 2018 bei Qualifikationsspielen zum Afrika Cup als auch beim Turnier selbst 2019 nicht mit rechten Dingen zugegangen ist.

Vor allem aber bekam und bekomme ich Informationen, dass in Deutschland Amateurspiele (4. und 5. Liga, U-19) verschoben werden. Es gibt Anfragen aus Nachbarländern und Rechtshilfeersuche zu Tätergruppierungen in Deutschland. Doch wir haben nun mal ein großes Problem: Unsere Sonderkommission Flankengott wurde 2014 aufgelöst, obwohl bis heute ständig neue Hinweise auf Matchfixing kommen. Aufgrund unseres föderalistischen Systems bin ich verpflichtet zu prüfen, ob wir in Bochum überhaupt zuständig sind. Bochum ist aber in den meisten Fällen nicht zuständig. Dann werden diese Fälle an die Staatsanwaltschaft Bochum und das Bundeskriminalamt (BKA) übergeben. Und das BKA hat zu entscheiden, was passiert.

Ein anderer Aspekt, der mir immer wieder Unmut eingetragen hat, ist meine Kritik an der Arbeit der Ermittlungsbehörden (und anderer Akteure). Wenn ich von »uns« als Ermittlungsbehörde spreche, die teilweise amateurhaft aufgestellt ist, dann kann man sich vielleicht vorstellen, dass der Gegenwind nicht allzu lange auf sich warten lässt. So eine Kritik wird von manchen als Nestbeschmutzung angesehen. Und es gibt auch den Vorwurf, es sei mir die professionelle Distanz zum Gegenstand, zum Delikt Matchfixing, abhanden gekommen. Das sehe ich naturgemäß anders. Auch in anderen Deliktsbereichen versuche ich das Optimum herauszuholen und lege definitiv die Finger in die Wunde, wenn aus meiner Sicht et-

Strafverdächtige nach Aufenthaltsland

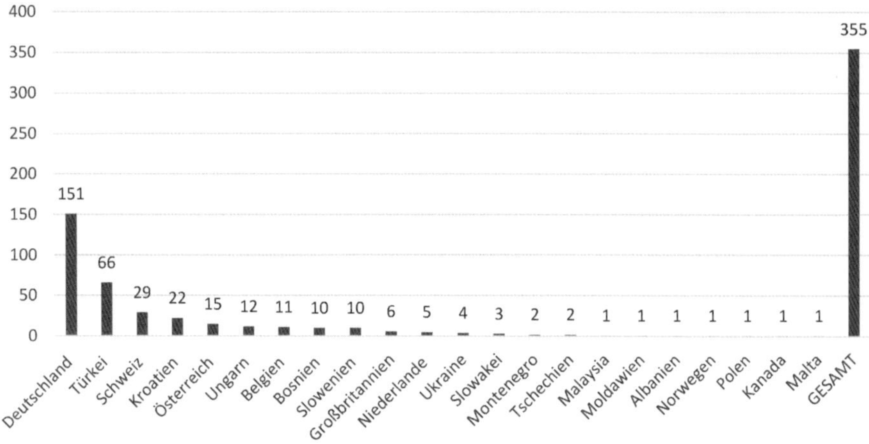

Diese Tabelle ist nicht abschließend und wurde mit Beendigung des Verfahrens nicht mehr fortgeführt. Sie zeigt die Statistik des Verfahrens »Flankengott«.

was von Ermittlungsseite zu verbessern wäre. Wer mich kennt und sachlich beurteilt, weiß, dass es mir überhaupt nicht um das spezielle Delikt geht, sondern um Defizite bei der Ermittlungsarbeit.

Mit der Urteilsverkündung vor Gericht sind regelmäßig auch die Ermittlungen beendet.

Im Falle der Matchfixing-Problematik war es für mich persönlich allerdings anders. Neben den Informationen zu Straftaten, deren Strom nicht abriss, kamen Anfragen von Journalisten, von Organisationen, die gern mehr zum Thema Matchfixing wissen wollten, von Fußballvereinen, die sich entsprechend aufstellen und ihren Nachwuchs vor Kriminellen schützen wollten. Es kamen Gesprächsanfragen von Politikern aus dem Bundestag. Wie sollte ich mich verhalten? Ich war ja inzwischen in andere große OK-Verfahren eingebunden. Anfangs opferte ich einen Großteil meiner Freizeit.

Die Bochumer Polizeiführung – zu der ich einen sehr vertrauensvollen Kontakt habe – nahm mich eines Tages zur Seite und erklärte mir, dass sie mich nicht mehr dienstlich abstellen könnte, wenn derartige Anfragen kämen. Das konnte ich verstehen. Man bot mir an, mir eine Nebentätigkeit zu genehmigen. Dann könne ich zumindest die außerdienstlichen Anfragen erledigen, indem ich mir dafür dienstfrei nehme und mir die Vorträge honorieren lasse. Eigentlich wollte ich das nicht, ich wollte das im Rahmen meiner dienstlichen Tätigkeit erledigen. Aber mir blieb nichts anderes übrig.

Warum ich das nicht wollte? Nun ja, als Polizist möchte ich frei und unabhängig bleiben. Es fühlt sich einfach nicht so gut an, als Polizist ein Honorar anzunehmen, beispielsweise für Fachvorträge.

Und es kamen natürlich sofort jene Vorwürfe, nach denen ich diese Vorträge nicht aus idealistischer Überzeugung halte, sondern um mir eine goldene Nase zu verdienen. Durch meine Medienauftritte machte sich leider auch ein gewisser Neid im Kollegenkreis breit. Irgendwann wurde jedes Interview so seziert, dass man eigentlich nur noch darauf achtete, ob man mir den Inhalt eines Statements um die Ohren hauen konnte oder nicht. Als in einem Medienbericht fälschlicherweise berichtet wurde, dass ich der Ermittlungsleiter der Soko Flankengott sei, was ich nie behauptet hatte, musste ich antanzen und mich dafür rechtfertigen. Die Neider schickten diesen Teil des Interviews mit zynischen Kommentaren anderen Kollegen, um zum Ausdruck zu bringen, was ich doch für ein toller Kollege sei, einer, der sich mit fremden Federn schmückt. Aber noch einmal: Ich habe keine andere Wahl und ziehe das auch weiterhin durch.

Was ich allerdings gar nicht verstehen kann, ist der Umgang mit wichtigen Informationen zu Straftaten. Denn die Soko Flankengott gibt es nicht mehr. Mein weltweites Netzwerk besteht allerdings noch immer. Und deshalb kommen die Informationen rund um das Thema Matchfixing nach wie vor zu mir. Doch da habe ich das Glück, dass ich Oberstaatsanwalt Andreas Bachmann als Ansprechpartner habe. Denn jeder Hinweis, den ich bekommen habe und auch heute noch bekomme, wird sofort an die Staatsanwaltschaft Bochum weitergeleitet. Ein Ermittlungsverfahren wird

Einsätze, Wetterlöse und Bestechungsgelder

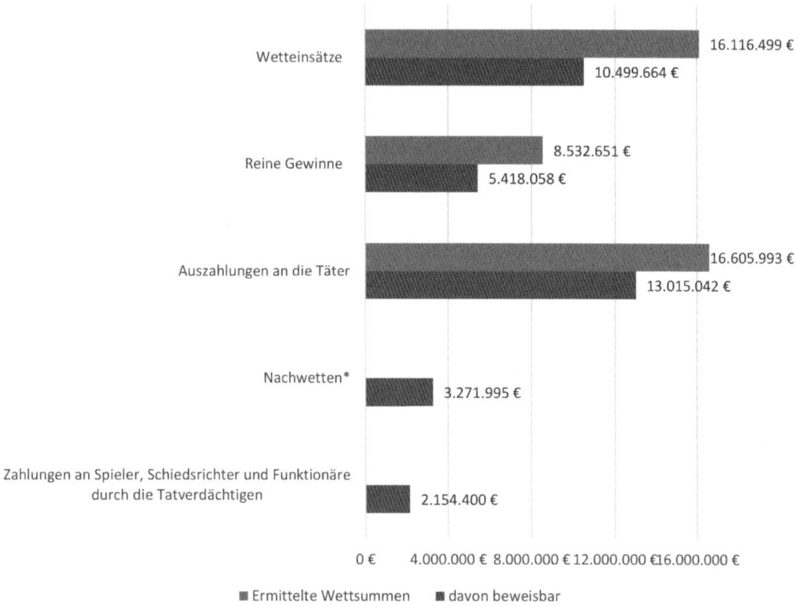

Diese Tabelle zeigt eine Statistik des Verfahrens »Flankengott« und soll verdeutlichen, um welche Summen es bei den Wetteinsätzen und Bestechungsgeldern ging.

nur dann erfolgreich zu Ende gebracht, wenn die Zusammenarbeit zwischen Polizei und Staatsanwaltschaft funktioniert. Andreas Bachmann und ich haben eine besondere, sehr vertrauensvolle, fast freundschaftliche Beziehung. Zusammen haben wir schon eine Vielzahl von außergewöhnlichen OK-Sachverhalten bearbeitet. Wir sind ein eingespieltes Team, wir können uns blind vertrauen, und ich halte ihn für einen besonderen Staatsanwalt. Er geht dahin wo es wehtut – ohne Ausnahme. Er ist ebenso vom Erfolg besessen wie ich. Egal wie komplex und schwierig sich ein Sachverhalt darstellt, zusammen mit Andreas Bachmann findet man eine erfolgreiche Lösung des Problems. Das schweißt uns zusammen.

Beispiele für Wettsetzungen und Gewinne

(Begegnungen anonymisiert, Beträge nur bis Ermittlungsabschluss)

Ligaspiele	Zahlungen an Spielbeteiligte	Wetteinsatz	Gewinn	Auszahlung
Deutschland	50.000 €	150.000 €	293.000 €	443.000 €
	30.000 €	15.646 €	17.183 €	32.829 €
	12.000 €	34.333 €	60.800 €	95.133 €
	30.000 €	95.583 €	102.400 €	197.983 €
	50.000 €	107.273 €	87.682 €	194.955 €
Schweiz	26.100 €	115.000 €	89.081 €	207.645 €
	13.000 €	71.048 €	63.127 €	134.175 €
	13.000 €	100.000 €	90.000 €	190.000 €
Belgien	21.500 €	100.000 €	100.000 €	200.000 €
	1.000 €	76.687 €	52.735 €	127.667 €
Türkei	20.000 €	38.800 €	46.240 €	85.040 €
*	70.000 €	252.790 €	265.680 €	518.470 €
	20.000 €	50.000 €	45.000 €	95.000 €

Internationale Spiele	Zahlungen an Spielbeteiligte	Wetteinsatz	Gewinn	Auszahlung
Euro-League	50.000 €	321.690 €	303.863 €	621.173 €
	50.000 €	346.363 €	311.347 €	657.710 €
Länderspiele	70.000 €	210.000 €	147.000 €	357.000 €
	30.000 €	365.160 €	221.885 €	455.018 €

* Hier handelte es sich um drei manipulierte Spiele.

Hier wurden beispielhaft drei manipulierte Spiele ausgewählt. Beispiel: 1. Spalte Deutschland: 50.000 € bekamen die involvierten Spieler oder Schiedsrichter, die Kriminellen setzten auf dieses Spiel dann 150.000 € und erzielten durch die Absprachen einen Gewinn von 293.000 €. Durch den Wettanbieter wurden somit 443.000 € ausbezahlt. Der Wettanbieter hatte seinen Sitz im Ausland.

Kapitel 4

JEDER IST KÄUFLICH

Na klar, die leben doch wie die Maden im Speck, diese Millionäre in kurzen Hosen. Die wissen doch gar nicht, wohin mit ihrem Geld. – Landläufige Urteile über Leistungssportler, die anscheinend alles haben – und noch viel mehr. Ich habe mich nie solchen Vorurteilen unterworfen, auch nicht als Fußballfan. Und schon gar nicht als Polizist.

Doch als wir in der Sonderkommission Flankengott mit den Ermittlungen gegen Matchfixing und Sportbetrug begannen, waren wir alle zunächst fassungslos angesichts der Tatsache, dass gerade junge, vom Leben verwöhnte Menschen anfällig für solche Delikte waren und ihren Sport mehr oder minder bedenkenlos verraten haben. Eine der elementarsten Fragen, die ich mir anfangs gestellt habe, war: Warum machen Fußballspieler das? Wie kann ein (Profi-)Sportler, der wegen seines Sports von seiner Umgebung geachtet, oft sogar geliebt wird, anfällig sein für Manipulationen? Das ist doch absurd.

Warum lassen sich auch höherklassige Amateure auf kriminelle Absprachen ein, obwohl sie doch jahre-, oft sogar jahrzehntelang jeden Tag alles diesem Sport und ihren persönlichen Zielen untergeordnet haben?

Inzwischen kann ich zumindest eine Antwort geben, ich kann es mir sogar erklären. Und ich kann mich durchaus in die Situationen hineinversetzen. Das wäre vor Jahren noch unvorstellbar gewesen.

Ist also doch jeder käuflich? Ich glaube schon. Und zwar dann, wenn bestimmte Situationen im Leben eintreffen, an die man nicht einmal im Entferntesten geglaubt hat oder die man sich nicht vorstellen konnte.

Natürlich sagt (fast) jeder von sich: »Ich bin definitiv nicht käuflich.« Von der Grundeinstellung her glaube ich das auch. Ich behaupte ja auch von mir, »nicht käuflich« zu sein. Wobei: Bin ich nicht schon käuflich, wenn ich im Rahmen meiner dienstlichen Tätigkeit Maßnahmen treffe, für die ich einmal einen Eid geschworen habe, die aber eigentlich meiner Gesinnung total zuwiderlaufen? Natürlich bin ich dann käuflich in einem anderen Kontext.

Ich habe einen Eid auf die Verfassung geschworen:

»Ich schwöre, dass ich meine Kraft dem Wohle des deutschen Volkes widmen, seinen Nutzen mehren, Schaden von ihm wenden, das Grundgesetz und die Gesetze des Bundes wahren und verteidigen, meine Pflichten gewissenhaft erfüllen und Gerechtigkeit gegen jedermann üben werde.«

Wenn ich nun im Rahmen meines Dienstes beispielsweise Rechtsextremisten bei einer Demonstration vor gewaltbereiten Angreifern schützen muss, so sagt das nichts über meine Gesinnung aus. Nur weil ich Nazis schütze, bin ich nicht auf deren Seite, sondern ich schütze sie, weil ich meinen Pflichten gewissenhaft nachkommen muss und dafür bezahlt werde – also im weitesten Sinne käuflich bin.

Ich glaube, dass wir ganz oft im Leben zwischen tatsächlicher Gerechtigkeit und moralischer Gerechtigkeit entscheiden müssen. Und manchmal handelt man aus einem Umstand heraus falsch.

Dass man sich allerdings bei Fußballspielern nur sehr schwer vorstellen kann, dass sie käuflich sind, liegt wahrscheinlich an der Wahrnehmung dieser Idole und an dem, was die Gesellschaft inklusive Medien aus ihnen macht. Sie sind »Götter« in kurzen Hosen und tragen das Wappen des jeweiligen Vereins auf ihrer Brust, sie verdienen unfassbar viel Geld, und da sie meist unnahbar sind, erleben und denken wir sie uns so, wie wir sie eben gern sehen würden: perfekt.

Auch ich hatte als Kind und Jugendlicher die Vorstellung, dass Fußballprofis eine Art Heiligenstatus innehaben. Sie müssen einfach unfehlbar sein, denn Vorbilder sind tadellos. Zumindest in der Illusion, zumindest in meiner Illusion.

Auch ich hatte diese Vorbilder. Obwohl mein Herz schon immer für den Hamburger SV schlug, fand ich auch den Spieler Heinz Flohe vom 1. FC Köln total klasse: ein überragender Techniker und bescheidener Typ. Er hatte damals die Nummer 8 bei den Rheinländern. Okay, wahrscheinlich wurde ich ein wenig von meinem Vater beeinflusst – um nicht zu sagen manipuliert. Denn der war ja Anhänger der Kölner Geißböcke, ich aber nicht.

Zu meinen großen Idolen zählten die Stars aus der großen Zeit des HSV. Kevin Keegan, Lars Bastrup, später Thomas Gravesen, Tomáš Ujfaluši. Und weil ich zudem Skandinavien liebe und mein Herz für alles schlägt, was mit dänischem Fußball zu tun hat, gehörten zu meinen Lieblingen auch die Spieler Preben Elkjær Larsen, Michael und Brian Laudrup, Flemming Povlsen und – entgegen dem Verständnis meines dänischen Freundes Ole – Dennis Rommedahl.

Ich trug stolz ihre Trikots auf dem Fußballplatz und wollte so sein wie sie. Da ich auch Michael heiße (wie eben Michael Laudrup), nannten mich Freunde auf dem Bolzplatz »Laudrup«, was ich natürlich cool fand.

Ich bekam sogar Urlaubspostkarten von meinen Freunden, die mit den Worten »Hi Laudrup« begannen. Wenn man darüber intensiver nachdenkt, ist es schon irgendwie verrückt, welchen Stellenwert wildfremde Menschen einnehmen, mit denen man noch nicht einmal ein Wort gewechselt hat. Man kennt sie nicht, man kennt nicht ihren Charakter, man weiß nicht, ob sie gut, nett, lieb oder arrogant sind oder menschliche »Pfeifen«. Man weiß nur, dass sie gut Fußball spielen, und das reicht, um sie zu glorifizieren und in den Himmel zu heben.

Wenn man versucht, diese Idole auf dem Fußballplatz zu imitieren, wenn man glaubt, dass sie wie Götter sind, und wenn man dann noch felsenfest davon überzeugt ist, dass sie unantastbar sind, weil sie ja alles erreicht haben, dann ... ja, dann kann und möchte man sich nicht vorstellen müssen, dass es doch eigentlich ganz normale Menschen sind. Wie jeder von uns. Mit allen Stärken und Schwächen.

Ich glaube, genau hier liegt die Schwierigkeit. Die Unfähigkeit, zu akzeptieren, dass unser Traum von der heilen Welt des Sports keinen Platz für solche Gedanken zulässt. Wir alle behandeln zeitweise Spieler und Trainer im Fußball tatsächlich wie Götter, zumindest unterschwellig.

Deshalb stellen wir uns dann solche Fragen wie »Warum sollte Fußballspieler XY manipulieren, der verdient doch genug Geld?« Oder: »Warum geht der bei der Manipulation so ein hohes Risiko ein, der hat doch schon alles erreicht und hat Manipulationen überhaupt nicht nötig …« Wir versuchen rational zu erklären, warum es absurd ist, dass solche hoch bezahlten Spieler überhaupt kriminell werden.

Rational kann man das auch nicht erklären, glaube ich.

Warum fährt ein bekannter Nationalspieler wie Marco Reus von Borussia Dortmund jahrelang bewusst und gewollt seine sündhaft teuren Sportwagen ohne Fahrerlaubnis, warum begeht er vorsätzlich eine Straftat? Aus den Medien konnte man erfahren, dass Herr Reus für sechs Fälle zwischen 2011 und 2014 zur Rechenschaft gezogen wurde und dafür 540.000 Euro Strafe zahlen musste, was er wahrscheinlich wie eine Ordnungswidrigkeit weggesteckt hat.

Auch Karl-Heinz Rummenigge vom FC Bayern München gilt als vorbestraft, weil er zwei Uhren der Marke Rolex (Wert: ca. 100.000 Euro) bei der Einfuhr nach Deutschland nicht verzollte und einen Strafbefehl von 249.000 Euro schnell akzeptierte und vermutlich mit leichter Hand zahlte. Ebenso ist der Fall Uli Hoeneß ausführlich in den Medien behandelt worden. Herr Hoeneß saß wegen Steuerhinterziehung gleich mehrere Jahre in Haft.

Leitidole des deutschen Fußballs. Wahrscheinlich trugen viele Kinder und Jugendliche Trikots vom FC Bayern oder von Borussia Dortmund, mit den Namen Rummenigge, Hoeneß oder Reus auf dem Rücken und wollten so sein wie sie. Zumindest was das Fußballspielen angeht.

Der Dortmunder Profi Lukasz Piszczek wurde wegen Spielmanipulation verurteilt, der ehemalige Bayern-Spieler Douglas Costa hat gestanden, an einer Spielmanipulation in Brasilien beteiligt gewesen und aktiv mitgewirkt zu haben. Dadurch wurde in Brasilien die Meisterschaft entschieden. Heute spielt er bei Juventus Turin.

Dieser berühmte Klub war im Frühsommer 2006 in einen Manipulationsskandal in Italien verwickelt. Die Staatsanwaltschaft in Turin kam zu dem Ergebnis, dass der damalige Manager von Juve, Luciano Moggi, Einfluss auf Schiedsrichter genommen hatte. Schiedsrichteransetzungen wurden abgesprochen, klare Elfmeter gegen Juventus nicht geahndet. Neben Turin waren auch Lazio Rom, AC Florenz und der AC Mailand in den Skandal verwickelt.

Juventus Turin wurden zwei Meisterschaften aberkannt, der Verein stieg in die zweite italienische Liga ab, der Manager wurde lebenslang gersperrt. Florenz und der AC Milan durften in der Liga verbleiben, Mailand jedoch nicht an der Champions-League teilnehmen.

Nein, der Fußball ist schon lange nicht mehr sauber. Vielleicht war er es noch nie.

Nur zwei Jahre später spielte Juventus Turin übrigens wieder in der Champions-League.

Wie funktioniert das nun mit den Fußballspielern, die ihren Sport verraten? Ist es so einfach, einen Spieler für eine Manipulation zu gewinnen? Wie treten die Kriminellen überhaupt in Kontakt zu Sportlern, Schiedsrichtern, Trainern oder Funktionären? Und willigen die dann immer sofort ein?

Haben die Ganoven denn überhaupt keine Angst, dass man sie ans Messer liefert? Was macht sie so sicher? Was kostet eine Manipulation? Und gibt es überhaupt so viele Manipulationsfälle?

Ich möchte nicht alle Hoffnungen der Fußballfans zerstören, musste aber leider miterleben, wie einfach es doch bis heute ist, Einfluss auf den Ausgang von Fußballspielen zu nehmen. Ich musste ertragen, dass der Auf- und Abstieg eines Profi-Fußballvereins nicht immer etwas mit sportlichen Leistungen zu tun hat.

Ich musste ertragen, dass selbst vereinzelte WM-Qualifikationsspiele am Ende nur Mittel zum Zweck für kriminelle Netzwerke waren und nicht ausschließlich dem sportlichen Kräftemessen von unterschiedlichen Fußballnationen dienten. Und ich musste die bittere Wahrheit ertragen, dass das Endergebnis eines Fußballspiels nicht immer etwas mit sportlichen Ereignissen zu tun hat.

Wer kann letztendlich so einen Ausgang beeinflussen? Die Fußballspieler und Schiedsrichter, die auf dem Platz stehen. Kein noch so großer Bandenchef, kein Mafiamitglied, kein krimineller Don dieses Planeten hat die Möglichkeit, durch aktives Handeln Einfluss auf das Spielgeschehen zu nehmen. Das können nur die, die auf dem Platz stehen. Deshalb sind die Fußballspieler und Schiedsrichter Mittel zum Zweck, viel kriminelles Geld zu generieren. Und deshalb ist es für die Organisierte Kriminalität unerlässlich, Kontakte zu eben diesen Akteuren herzustellen.

Ohne Fußballspieler und Schiedsrichter wären Manipulationen nicht möglich. Es gibt zwar noch die sogenannten »Geisterspiele«, die bewettet werden und gar nicht stattfinden, aber das ist eine verschwindend geringe Ausnahme von der Regel.

Es war nach einem Wochenende, als ich morgens ins Büro kam, um nach der obligatorischen Dienstbesprechung die Kopfhörer aufzusetzen und zu hören, was die Kriminellen, die wir telefonisch überwacht hatten, am Tag zuvor miteinander besprochen hatten. Wochenende bedeutete auch jede Menge Fußballspiele.

Und nach so einem Wochenende redeten die Ganoven miteinander. Sie kontaktierten sich untereinander, um sich entweder gegenseitig zu huldigen, weil eine Manipulation geglückt war oder sie wünschten sich die Pest ans Bein, beschimpften sich und verlangten horrende Geldbeträge vom jeweils anderen, weil die Manipulation gescheitert beziehungsweise das erwünschte Ergebnis nicht eingetroffen war.

Ich saß also vor meinem Monitor und lauschte den Gesprächen. Das gesprochene Wort, sofern die Teilnehmer sich in deutscher Sprache unterhielten, protokollierte ich selbst, ansonsten machte das ein Dolmetscher. Bis dahin hatten wir schon eine Menge Gespräche in anderen Verfahren abgehört. Wenn sich also die Ganoven bedrohten oder auf Zeugen Einfluss nahmen, war das für mich inzwischen nichts Neues mehr, sondern vielmehr eine typische Verhaltensweise in den bisher ermittelten Delikten. Was ich aber an diesem Tag zu hören bekam, das kannte ich noch nicht. Einer der ermittelten Köpfe des kriminellen Netzwerks sprach direkt mit einem Fußballspieler. Dieser Profisportler hatte auch schon in Deutschland gespielt, in der 2. Liga. Nun kickte er im Ausland. Und offensichtlich war er ein wichtiger Kontaktmann der Fußballmafia.

Der Spieler hatte offensichtlich mit der Wettmafia vereinbart, das eigene Spiel zu verlieren. Noch während das Match lief, besprachen sich die Ganoven untereinander. Sie sprachen darüber, dass die Manipulation zu 100 Prozent klappen würde und setzten dementsprechend 300.000 Euro auf eine Niederlage des involvierten Klubs. Schließlich hatten sie ja mindestens einen Spieler unter ihrer Kontrolle.

Seltsamerweise führte dieser Klub aber 1:0, ausgerechnet der manipulationswillige Spieler lieferte die Vorlage zu dem Treffer.

Das wurde schon während der Begegnung thematisiert. Der Ganove in Deutschland, nennen wir ihn Lucas, kontaktierte die Mittäter im Ausland und erkundigte sich über das Geschehen. Lucas schimpfte am Telefon »Es steht 1:0. Was macht dieser Penner?« Gemeint war der involvierte Fußballspieler. »Erzähl mir, was da gerade passiert?«, wollte Lucas wissen. Sein Partner im Ausland beruhigte ihn: »Fahr runter. Das Spiel kommt zu 100 Prozent. Er weiß, was zu tun ist.«

Davon war Lucas aber nicht überzeugt. Er kontaktierte seinen eigenen Späher im Stadion. Es waren noch nicht einmal 15 Minuten gespielt, da wurde Lucas schon nervös. Sein Stadionspäher beschrieb den Spielverlauf: Angeblich spielten beide Teams gut.

Natürlich versuchen die Mannschaften guten und erfolgreichen Fußball zu spielen. Hier geht es um Profisport. Und natürlich hat nicht das gesamte Team einer Manipulation zugestimmt. Wir reden hier von einem, vielleicht auch zwei oder drei manipulationswilligen Spielern. Und auch die können nicht von der ersten Sekunde an den größten Mist spielen, denn ansonsten würde man sie nach wenigen Minuten auswechseln. Also muss der geschmierte Spieler den richtigen Zeitpunkt finden.

Das ist natürlich nicht so einfach.

Wie oft sagen Trainer oder Spieler nach dem Match: »Heute wurde das Spiel im Kopf entschieden.« Gemeint ist damit die Psyche, von der ein Sieg oder eine Niederlage abhängt. Die Spieler bereiten sich individuell mental auf so eine Begegnung vor, manche hören Musik, um abzuschalten, manche meditieren. Aber niemand wird mir erzählen können, dass Gespräche mit der Wettmafia kurz vor dem Anstoß leistungsfördernd sind.

Wenn dieser Sportler nun manipulieren möchte, muss er den entsprechenden Zeitpunkt auf dem Rasen finden. Der Satz, den mir Marijo Cvrtak, einer der größten bekannten Matchfixer in Deutschland, in einer seiner vielen Vernehmungen sagte, trifft es auf den Punkt, besser kann man es nicht beschreiben: »Ihr könnt 89 Minuten das Spiel eures Lebens machen, aber in einer Minute arbeitet ihr für mich!«

Das sagt alles. Diese eine Minute! Die ist entscheidend! Wenn dieser Spieler tatsächlich 89 Minuten das Spiel seines Lebens macht, aber in einer Minute manipuliert, wie wird ihn wohl die Öffentlichkeit wahrnehmen?

Er ist der tragische Held! Ja, er ist ein Held. *Wie konnte ausgerechnet ihm das passieren. Der hat doch genial gespielt, der Pechvogel.* Niemand würde an eine Manipulation denken. Denn damit verbindet man automatisch, dass man von der ersten Sekunde spielt wie der letzte Hammerwerfer. Weit gefehlt. Die Spielnoten und Überschriften in den Sportmagazinen werden ebenfalls von einem Klassespieler berichten, der leider Pech hatte, der Arme.

Zurück zu Lucas und seinem manipulierten Spiel.

Ich klickte mich von einem überwachten Telefonat zum nächsten. Immer wieder protokollierte ich, was Lucas am Telefon mit den anderen besprach. In Minutenabständen griff er zum Hörer und erkundigte sich nach dem Spielverlauf. Seine Kontaktleute wurden regelrecht zu Antworten genötigt. Lucas wusste selbst, dass sie ihm in diesem Moment keine verbindlichen Auskünfte geben konnten. Der Spieler hatte es nun in der Hand, kein anderer konnte eingreifen. Wahrscheinlich machte ihn dieser Zustand noch nervöser.

Es wurde vorher alles besprochen. Doch sobald der Ball rollt, gibt es so gut wie keine Möglichkeiten mehr, das Spiel entsprechend zu lenken. Durch den Spieler schon, aber nicht durch Lucas.

Er hatte 300.000 Euro auf dieses eine Spiel platziert. Grund genug, um ein wenig nervös zu werden. Der involvierte Spieler hatte selbst 20.000 Euro auf eine Niederlage gesetzt. Natürlich hat er die Summe bei Lucas gewettet, quasi ein Zeichen seiner Glaubwürdigkeit. Warum sollte er selbst 20.000 Euro setzen, wenn er am Ende nichts dafür unternimmt, dass das Spiel absprachegemäß verläuft? Es muss ja auch nicht immer nur auf den Spielausgang gewettet werden. Man kann quasi auf alles wetten. Den ersten Eckball, den ersten Freistoß, eine Rote Karte usw.

In diesem Fall war die Absprache jedoch: eine Niederlage für das involvierte Team.

Die Stimmung wandelte sich bei Lucas von nervös zu aggressiv. Er rief erneut seinen Kontaktmann an: »Sag, was ist das da für eine Birne, die du beauftragt hast?« Da waren noch nicht einmal 45 Minuten gespielt. Lucas schrie jetzt am Telefon: »Alle anderen fünf Spiele sind erfolgreich gewesen. Was ist hier los?«, wollte er wissen. Seine Gesprächspartner versuchten ihn zu beruhigen.

Nach 90 Minuten hatte sich auf dem Spielfeld nichts mehr geändert. Das Spiel endete 1:0. Ein Sieg für das Team des involvierten Fußballspielers. Erschwerend kam noch hinzu, dass dieser Spieler auch noch die Vorlage zum Siegtreffer seiner Mannschaft gab.

Das gibt's doch gar nicht! Der Typ setzt 20.000 Euro auf eine Niederlage, verspricht dem kriminellen Netzwerk seine Beteiligung – und nun das? Unglaublich.

Ich ahnte schon, was kommen würde, als ich das nächste Gespräch der Telefonüberwachung anklickte. Anhand der Rufnummer konnte ich erkennen, dass es Lucas war, der nun höchstpersönlich Kontakt zu dem Fußballer aufnahm. Und ich war mir ziemlich sicher, dass er ihm nicht zum Sieg gratulieren würde.

Lucas fragte auch sofort: »Was war da los?« Eigentlich war die Antwort völlig egal. 300.000 Euro hatte Lucas verloren, der Fußballer zusätzlich 20.000 Euro. Von daher war eine Erklärung für das Desaster nur noch nebensächlich.

Natürlich wusste Lucas, dass er die richtigen Worte finden musste. Selbst wenn er den Spieler beherrschen konnte, so war ihm auch klar, dass ein manipulationswilliger Sportprofi gewöhnlich der Zugang zu sehr viel Geld ist. In diesem Fall jedoch nicht. Denn nun kostete der Spieler den Kriminellen sehr viel Geld. Für diese Summe kaufen sich Familien eine Eigentumswohnung oder vielleicht sogar ein Häuschen. Mit einem Mal war die Kohle weg. Und nun kam es zum Gespräch zwischen denen, die sich ursprünglich auf einen anderen Ablauf geeinigt hatten.

Der Fußballspieler klang sehr devot am Telefon. Offensichtlich wusste er auch schon, was auf ihn zukommen würde, denn er erklärte sich sofort. »Im Augenblick kann ich echt nichts machen. Auch die anderen können im Moment nicht bezahlen.«

»Ups«, dachte ich. Die anderen können auch nicht bezahlen. Also war der Spieler nicht der Einzige, der an der Manipulation beteiligt war. Es stellte sich heraus, dass insgesamt drei Fußballspieler manipulieren wollten. Zumindest wurde darüber am Telefon gesprochen.

Der Ton von Lucas wurde rauer und bedrohlicher. Er verlangte nun das verlorene Geld von den involvierten Spielern. »Hör zu! Ich habe insgesamt 300.000 Euro wegen euch verloren. Du hast mich verstanden, oder? Ich mache euch kaputt. Was glaubt ihr, mit wem ihr es zu tun habt? Was glaubst du, wer du bist, du bist gar nichts, du Penner. Ich ficke euch alle. Mit mir macht man keine Späße. Ihr wollt mich verarschen. Ihr habt für die andere Seite gearbeitet, das weiß ich. Sag' mir, wer die anderen Spieler sind!«

Der Kicker war völlig verängstigt, zumindest hatte ich beim Abhören des Telefonats diesen Eindruck. Selbst wenn er seine Furcht dem Ganoven nur vortäuschen würde, das Problem wäre dadurch nicht gelöst. Lucas wollte auf sein Geld nicht verzichten. So viel war klar.

Solche Telefonate hören sich wie ein spannendes Hörbuch an. Doch ich hörte keine Fiktion, das war pure Realität. Und während ich diese Gespräche abhörte und mitschrieb, überlegte ich schon, was wir jetzt machen müssten, welche polizeilichen Maßnahmen zu treffen waren.

Während ich mich mit diesem Sachverhalt beschäftigte, saßen meine Kollegen in den anderen Büroräumen. Viele von ihnen hatten ebenfalls Kopfhörer auf den Ohren und verfolgten ähnliche Gespräche. Nur die Teilnehmer waren andere, denn das kriminelle Netzwerk beschäftigte nicht nur einen manipulationswilligen Spieler. Jeder von uns schrieb an diesem Tag ähnliche Formulierungen in seine Berichte.

Was für ein Wahnsinn.

Lucas drängte immer erboster auf die Namen der anderen Spieler. »Sag mir, wer sie sind. Wer hat zusammen mit dir auf dem Platz gestanden und hat für mich gearbeitet?« Der Kicker versuchte ihn zu beruhigen. »Bruder, ich kann dir die Namen nicht nennen. Das kann ich nicht machen.« Lucas schrie: »Bist du bescheuert, oder was? Kannst du dir vorstellen, auf was du dich da gerade einlässt?« Dann fragte er: »War der Kolja auch daran beteiligt?« Der Spieler wollte es nicht sagen, er bat um Verständnis, wohlwissend, dass seine Chance auf Akzeptanz eher gering war.

Lucas: »Ich mache eure Karriere kaputt. Ich komme schon morgen zu euch. Ich gehe zu eurem Präsidenten. Du Pisser glaubst, dass du mich verarschen kannst. Ich mache euch kaputt. Morgen will ich das Geld von euch. 300.000 Euro! Und das kannst du den anderen beiden Wichsern auch sagen. Das war es für euch.«

Der Spieler brach in Tränen aus. »Was soll ich denn machen, Bruder? Ich kann das Geld nicht bezahlen. Ich habe das Geld nicht.« Lucas: »Das interessiert mich einen Scheiß. Was glaubst du, woher ich das Geld nehmen soll? Du und deine beiden Scheißkerle interessieren mich einen Dreck. Wer sind die beiden Spieler? Sag es mir. Ich mache euch kaputt. Weißt du, was ich mit Leuten mache, die mich verarschen wollen? Weißt du, was mit Leuten passiert, die mich ficken wollen? Du solltest jetzt genau zuhören. Ich werde morgen zu dir kommen. Wenn ich das Geld nicht bekomme, gehe ich zu deinem Präsidenten. Ich mache eure Karriere definitiv kaputt.«

Der Spieler versuchte das Erscheinen von Lucas zu verhindern und erklärte, dass »morgen« die meisten Spieler mit ihrer Nationalmannschaft unterwegs seien.

Lucas: »Glaubst du, dass mich das interessiert? Sollte ich morgen niemanden antreffen, gehe ich trotzdem zu deinem Präsidenten. Und weißt du was? Ich hole mir das Geld auch mit Gewalt von dir, du Hurensohn. Ihr könnt Fußball nur noch auf der Straße spielen. Bruder, du hast einen großen Namen und spielst bei einem großen Verein. Entweder das Geld ist morgen da, oder es ist vorbei!«

Der Spieler versuchte krampfhaft, Zeit herauszuschlagen. Dann sagte er etwas, was mir fast die Kopfhörer vom Schädel riss. »Wir haben doch schon so oft zusammengearbeitet, und du konntest dich immer auf mich verlassen. Gib mir noch eine Chance. Bitte, bitte, bitte!«

Dieses Flehen zeigte nicht nur die aussichtslose Lage, in der sich der Profisportler befand, es verdeutlichte auch die Tatsache, dass es anscheinend zuvor schon eine Vielzahl geglückter Manipulationen in dieser Konstellation gegeben hatte. Das war auch vermutlich der Grund, warum Lucas sich kurzfristig doch noch vertrösten ließ.

Vertrösten bedeutet aber in diesem Zusammenhang nicht, dass der Fußballspieler noch einmal Glück hatte. Es heißt vielmehr, dass der Spieler mindestens 300.000 Euro Schulden bei dem Kriminellen hatte, und egal wann und was die Fußballmafia das nächste Mal von ihm verlangte – er hatte zu funktionieren. Und zwar ohne Wenn und Aber.

Und ich kann versichern, dass dieser nächste Moment nicht lange auf sich warten lässt. Die Abhängigkeit eines Spielers von einem Matchfixer ist normalerweise kaum zu ertragen. Wie soll sich dieser Sportler noch professionell auf seinen Beruf konzentrieren und auf Spiele vorbereiten, wenn er weiß, dass er seine volle Leistung gar nicht bringen darf und er immer mit Drohungen im Nacken leben muss?

Ich legte die Kopfhörer zur Seite und traf mich mit meinen Kollegen im Besprechungsraum. Wir klärten uns gegenseitig über die neuen Sachverhalte auf. Inhaltlich unterschieden sich unsere Darstellungen nur minimal voneinander. Die Fußballmafia hatte immer mehr Spieler in ihren Fängen, jeden Tag wurden uns weitere Sportler bekannt. Das wurde natürlich auch außerhalb der dienstlichen Gespräche thematisiert. Wir hatten sehr viele

Fußballverrückte auf der Dienststelle. Und das, was wir da erleben mussten, sprengte alles, was wir uns vorstellen und was wir verstehen konnten. Ich fuhr nach Hause und fand nicht in den Schlaf. Mir gingen die Worte, die ich am Telefon gehört habe, nicht mehr aus dem Kopf.

Das nächste Wochenende würde kommen. Und somit neue Details, neue involvierte Spieler, weitere Vereine, die manipulierten, und noch mehr Zweifel an dem, was mir eigentlich so wichtig ist. Der Fußball.

Fußballprofi – der Traum fast jedes Kindes. Die Mehrzahl der Jungen, die mir im Laufe der Zeit begegnet sind, äußerten diesen Wunsch. Ich selbst hatte ihn auch, leider reichten dazu meine sportlichen Fähigkeiten aber nicht aus. Also kickte ich lediglich für Dortmunder Vorortvereine wie zum Beispiel VfR Kirchlinde, Arminia Marten und African Stars. Letzterer war ein Highlight. Dieser Klub bestand nur aus farbigen Spielern aus Ghana, Nigeria, Südafrika. Ich durfte als einziger Weißer dort mitspielen, was mich echt stolz machte.

Bis heute pflege ich zu einigen von ihnen einen engen Kontakt. Das hat mir sogar schon einmal bei meiner Ermittlungsarbeit erheblich geholfen. In einem Menschenhandelsverfahren, in dem die Opfer überwiegend schwarze Mädchen aus Nigeria waren, konnte ich mir Hilfe und Tipps im Umgang mit den Opfern von meinen afrikanischen Kontakten holen. Das war phänomenal.

Während sich also meine fußballerische Karriere ziemlich in Grenzen hielt, schaffen es andere, sich diesen Traum zu erfüllen. Aber warum, bitte schön, gehen sie dann so fahrlässig und aus meiner Sicht völlig irre und idiotisch mit dieser Gabe um?

Ich saß im Wohnzimmer der Eltern eines U19-Spielers der Junioren-Bundesliga.[5]

Der Junge zitterte. Die Situation war für ihn nicht nur peinlich, sondern er war völlig überfordert mit dem, was da gerade passierte. Seine Eltern saßen uns gegenüber. Stille. Niemand sagte ein Wort. Es herrschte pures Entsetzen über die unausgesprochenen Fragen: Warum ist die Kriminalpolizei hier? Was machen die bei uns im Wohnzimmer?

Ich erklärte die Situation und den Grund unseres Erscheinens. Je mehr ich den Sachverhalt ausführte, umso erschrockener waren die Eltern. Das war keine gespielte Machtlosigkeit. Ohne ein Wort zu sagen, schossen dem angehenden Profisportler Tränen in die Augen. Die Eltern schauten aufgeregt hin und her. Zwischen der Kriminalpolizei und ihrem Sohn. *Was passiert hier eigentlich? Das kann doch nur ein fürchterlich schlechter Traum sein.* Ich konnte die lähmende Atmosphäre richtig fühlen.

»Wir sind hier, weil wir Erkenntnisse darüber haben, dass Ihr Sohn in einen Sportbetrug verwickelt ist.« Ich benutzte nicht das Wort »Matchfixing«, weil ich mir sicher war, dass die Eltern dann erst recht überfordert waren und mit dem Begriff gar nichts anfangen konnten.

Dann erklärte ich ihnen, dass sich ihr Sohn mit der Wettmafia eingelassen hatte.

»Wettmafia?«, fragten sie erschrocken. »Mafia – unser Sohn?« Dann erzählte der Junge …

»Der Akif, den kennt ihr doch auch, der fragte mich, ob ich mal mit ihm zum Bahnhof gehen könnte nach dem Training. Da wäre ein Bekannter von ihm, der wollte was von ihm, einen Gefallen oder so … Ich wollte zuerst nicht. Dann sagte der Akif, es wäre aber wichtig und so. Nach dem Training wurden wir dann von dem Kumpel von Akif am Sportplatz abgeholt. Der hatte so eine dicke Karre. Ich wusste erst gar nicht, was der wollte. Und da war noch einer. Der saß mit uns hinten. Der sagte immer, wir wären echt coole Fußballer und so …«

Die Mutter hakte ein. »Was erzählst du da?« Der Vater fragte, von welchem Akif die Rede sei. Ich hielt mich bei den Erklärungen bewusst zurück. Zunächst wollte der Junge seine Geschichte erzählen. Das sollte er auch. Ich hatte auch den Eltern erklärt, dass sie zunächst vielleicht erst einmal zuhören sollten. Aber mir war schon klar, dass sie nichts, aber auch wirklich gar nichts von dem verstehen würden, was nun folgte.

Der U-19 Spieler begann von vorn zu erzählen. Irgendwie zweifelte er wohl selbst an dem, was er da gerade sagte:

»Als ich dann mit dem Akif zusammen nach dem Training zu dem Typen hingegangen bin, sollten wir in seinen BMW steigen. Keine Ahnung mehr so richtig, wie der hieß. Timo oder Dimo oder so. Der Akif geht doch häufiger mal da am Bahnhof in diese Wettbude. Daher kennt der den wohl. Oder von seinem Bruder oder so. Ab und zu haben wir ja mal zusammen gewettet. Da waren ja noch der Sven und der Holger dabei. Die kennen den auch schon länger.

Als wir mit dem Dimo dann im Auto saßen, fuhren wir zu McDonald's. Der Akif sagte mir vorher, dass er von dem Dino schon ein paar Mal Eintrittskarten für Bundesligaspiele bekommen habe. Und Akif sagte, es wäre wichtig, dass ich dabei sei. Dimo sagte zu mir, dass er ein guter Freund von Akif sei. Und er würde uns schon länger beobachten, weil er in uns richtig gute Spieler sehen würde. Als der Akif vor zwei Wochen den einen Hammer ins Tor geschossen hatte – das wäre echt bundesligareif gewesen. Zu mir sagte er, dass er findet, dass ich schon bald in der 2. Liga spielen könnte. Aber auch nur dann, wenn ich die richtigen Leute hätte, die sich um mich kümmern. Dimo meinte, er würde echt viele Leute kennen. Er zeigte uns auf seinem Handy Fotos, auf denen er und einige Bundesligaspieler zu sehen waren.

Dimo sagte mir, dass der Akif schon voll dabei wäre. Er hätte es verstanden. Deshalb wird es auch nicht mehr lange dauern, bis er voll den Durchbruch schaffen würde. Akif kennt die richtigen Leute.«

Der Vater hakte ein: »Was redest du da für einen Scheiß? Jetzt weiß ich auch, welchen Akif du meinst. Ist das nicht der Akif, der vor Kurzem noch Ärger hatte, weil er den Nachbarsjungen verkloppt hat? Dieser Vollidiot. Und du hast ihm einen Gefallen getan? Wie bescheuert bist du eigentlich? Und was bitteschön hast du jetzt mit der Mafia zu tun?«

»Der Akif hatte irgendwie versprochen, dem Dimo zu helfen. Und weil der Dimo mir mal 50 Euro für die Party gegeben hatte, fand ich es blöd, wenn ich jetzt Nein gesagt hätte. Eigentlich wollte ich das Geld gar nicht. Aber Dimo meinte, es sei kein Problem. Er wäre sogar stolz darauf, angehende Fußballprofis zu seinem Freundeskreis zählen zu können. Und Akif meinte, der Dimo wäre voll in Ordnung.«

Mir schossen Bilder durch den Kopf. Das ist doch zum Kotzen, dachte ich. Für 50 Euro macht der sich seine Karriere kaputt. Ich saß kopfschüttelnd im Wohnzimmer der Familie. Nicht dass es sich besser anfühlen würde, wenn man dem Spieler 50.000 statt 50 Euro geboten hätte. Wie schnell es anscheinend geht, mit wenig Aufwand diese Spieler für sich zu gewinnen. Der Junge erzählte weiter …

»Akif hatte wohl Schulden bei dem Dimo, fällt mir gerade ein. Und angeblich wollte der Dimo auch mal Spiele mit dem Akif manipulieren. Der Akif fragte mich halt, ob ich da mitmachen wollte. Und da der Akif mir sagte, dass es echt wichtig für ihn wäre, wollte ich erst einmal wissen, was wir überhaupt machen sollten.

Als wir im Auto von Dimo saßen, fragte er mich, ob beim nächsten Spiel alles klar gehen würde? Akif hatte mir gesagt, dass wir das nächste Spiel verlieren sollten. Und zwar mit zwei Toren Unterschied. Ich fragte mich, wie wir das überhaupt anstellen sollten.

Während wir durch die Gegend fuhren, klingelte bei Dimo das Handy. Er rastete am Telefon völlig aus und schrie, dass die blöden Scheißer am Ende wären. Und ihre Karriere könnten sie vergessen. Als er auflegte, sagte Dimo zu Akif und mir, dass diese Schweine-Spieler ihn verarschen wollen. Sie würden erst immer zusagen und dann nicht das machen, was Dimo ihnen gesagt hätte. Dadurch verlöre Dimo eine Menge Geld, und er wäre nicht irgendein Penner. So etwas machte man niemals mit einem Dimo.

Dann redete er wieder über das nächste Spiel.«

Fassungslos verfolgten die Eltern die Schilderungen ihres Jungen. »Warum sagst du uns nichts? Ein Wort hätte doch gereicht.« Instinktiv wussten die Eltern, dass es nur noch schlimmer werden konnte.

»Als ich mir überlegt habe, dass wir im nächsten Spiel sowieso so gut wie keine Chance haben, sagte ich dem Dimo, dass alles klar sei. Dimo klopfte mir auf die Schulter, er gab mir seine Handynummer und ließ mich mit dem Akif wieder aussteigen. Er wünschte mir noch viel Glück, wir wären jetzt ein Team.«

Das stimmte leider. Von nun an waren sie ein Team. Es gab auch kein Aussteigen mehr aus diesem Team. Das nächste Spiel wurde dann tatsächlich verloren, und das gewünschte Ergebnis kam. Der junge U19-Spieler hatte dafür 50 Euro für eine Party bekommen, Dimo – also das kriminelle Netzwerk – gewann mit diesem Spiel über 60.000 Euro. Das ist die Summe, die wir beweisverwertbar ermitteln konnten. Vielleicht war es aber noch viel mehr.

Der Junge wurde vom DFB gesperrt. Selbst wenn er irgendwann noch einmal die Gelegenheit bekommt, offiziell wieder Fußball spielen zu können, die Karriere ist bis dahin zu Ende.

Es verdeutlicht aber, wie einfach es doch ist, Spieler für kriminelle Handlungen zu gewinnen. Es läuft also nicht immer so, dass der Herr von der Mafia in einem dunklen Anzug mit einem Koffer voll Geld in der Hand vor einem steht und sagt: »Bitte sehr, das nächste Spiel wird verloren, sonst schneide ich dir den Kopf ab.«

Es sind die gewöhnlichen Dinge des Lebens, die das kriminelle Netzwerk mit den manipulationswilligen Spielern zusammenkommen lassen.

Die Fußballmafia ist so organisiert, dass jeder innerhalb des Geflechtes mit bestimmten Aufgaben betraut wird. Und derjenige, der Kontakt zu den Spielern oder Vereinsmitgliedern aufbaut, der muss ein entsprechendes Auftreten haben. Charmant, rhetorisch gewieft, gut vernetzt, empathisch und ein entsprechendes Fingerspitzengefühl für die jeweilige Situation.

Wo trifft man Fußballspieler an? Auf Partys, in Diskotheken, Kneipen, Cafés, in Wettbüros. Also halten sich diese Leute dort auch auf. Wenn ich jetzt schreibe, dass sich die Spieler auch in Wettbbüros aufhalten, ist es naheliegend, dass man dort ebenfalls die Wettmafia vermutet. Und es ist richtig, dass dort die Möglichkeit besteht, in die Fänge der Kriminellen zu geraten.

Zum Beispiel besuchen bekannte Spieler eine Wettannahmestelle und platzieren legale Wetten auf unterschiedliche Sportarten. Fußball, Tennis, Eishockey, Basketball. Die Summen, die gesetzt werden, sind überschaubar. Hier mal 50 Euro, da mal 100 Euro und vielleicht auch mal 200 oder 300 Euro. Aber das ist dann auch schon das Limit. Dann kommt es vor, dass der Wettbürobetreiber den Profi anspricht und ihm anbietet, nicht immer sofort bar zu bezahlen. Schließlich kenne man ihn ja, deshalb könne der Sportler die Wetten auch per Handy setzen. Das bedeutet im Umkehrschluss, dass lediglich die Begegnung und die gewählte Summe ins Handy getippt werden muss, um eine Wette zu setzen.

Und es ist dann auch tatsächlich so, dass der Wetteinsatz von diesem Moment an steigt. Wenn man die Summe bar bezahlen muss, muss man das Geld aus der Tasche holen und auf den Tresen legen. Auf dem Handy tippt man lediglich eine Zahl ein, ohne den monetären Verlust sofort zu spüren.Durch die viel höheren platzierten Summen steigen dann auch die Verbindlichkeiten relativ schnell an.

Als Dankeschön für das Privileg, die Wetteinsätze nicht gleich bezahlen zu müssen, bekommt der Wettbürobetreiber schon mal ein Trikot vom Spieler geschenkt, das er womöglich sogar noch als wertvolles Werbesouvenir in seinem Wettlokal ausstellt. Oder es werden Eintrittskarten für ein Fußballspiel verschenkt.

So entsteht ein persönlicher Kontakt zwischen Wettbürobetreiber und Fußballprofi. Hinzu kommt, dass sich diese Form des Wettens innerhalb eines Fußballvereins herumspricht. Es werden untereinander Empfehlungen ausgesprochen: »Geh doch in die Wettannahmestelle am Bahnhof, da brauchst du nicht immer sofort zu bezahlen.«

Relativ schnell entsteht nicht nur Kontakt zu einem Fußballspieler, sondern zu dreien, fünf oder sogar 15. Durch Spieler eines Vereins der aktuellen 2. Bundesliga und andere Profiklubs habe ich erfahren, dass mitunter fast eine komplette Mannschaft Wetten platziert.

Natürlich ist das legal. Aber es endet oftmals nicht mit der Platzierung der Wette, dem geschenkten Fußballtrikot, der Gewinnauszahlung und der Bezahlung der Wettschulden. Dann wäre es aus meiner Sicht nicht erwähnenswert.

Ich musste jedoch ständig erleben, dass die Verläufe ab einem bestimmten Punkt dramatisch werden. Zum einen durch die Gier der Fußballspieler, aber auch durch die Strategie der Wettpaten, die natürlich gezielt diesen zuvor beschriebenen Umstand für sich ausnutzen.

Die Sportler verfügen vielleicht über sportliches Fachwissen, dennoch geht eine Vielzahl ihrer Wetteinsätze verloren. Da sie die Möglichkeit bekommen, die Wetteinsätze per Handy zu platzieren, häufen sich innerhalb kürzester Zeit die Verluste und somit die Forderungen der Wettbürobetreiber.

Obwohl die Profis über ein sehr gutes Einkommen verfügen, ist es nicht so einfach, zu Hause zu erklären, dass man mal eben 20.000 oder 30.000 Euro beim Wetten verzockt hat.

Der zuvor so nette Wettbürobetreiber hätte nun gern sein Geld, und Verhandlungen mit ihm gestalten sich äußerst schwierig und ohne großen Erfolg. Auch der zuvor gewährte Prominentenbonus scheint sich auf einmal in Luft aufgelöst zu haben: Der Mensch möchte Geld und macht dies ziemlich schnell deutlich.

Viele versuchen tatsächlich, durch das Erhöhen der Wetten *den* großen Gewinn abzuschöpfen und so die Schulden abzuzahlen. Da es jedoch zu diesem Zeitpunkt nicht mehr mit klarem Verstand zur Sache geht, werden auch diese Wetten recht schnell verloren. Was nun?

Der Fußballspieler bittet um Zahlungsaufschub. Vergeblich. Zwar ist er in dieser Phase noch nicht wirklich erpressbar, aber es besteht die Gefahr, dass man mal so nebenbei den Hinweis einstreut, dass sich die Presse doch wohl für die finanzielle Situation eines Profispielers interessiert.

In der Regel läuft es anders ab: Der Wettbürobetreiber macht ein erstes Angebot. »Ihr spielt doch nächste Woche gegen XY, da kann man doch was machen!« Es wird über eine erste Gelbe Karte gesprochen, über einen zu verursachenden Elfmeter oder über die Manipulation des Ergebnisses. Bedingung der Wettmafia: Der Spieler muss zunächst selbst 20.000 Euro auf die vereinbarte Manipulation setzen, quasi als Versicherung.

Sollte der Spieler aktuell nicht über diese Summe verfügen oder angeben, er könne im Moment nicht so viel Geld auf einmal verfügbar machen, bietet sich ein weiterer Krimineller an, der für den Spieler bürgt.

Man könnte meinen, dass es für einen Profi kein Problem sei, jederzeit solche Summen auf den Tisch zu legen. Weit gefehlt. Es kommt durchaus vor, dass Profis sich verspekulieren oder riesige Summen in Immobiliengeschäften verschleudern – oder sogar wegen derartiger Projekte in gerichtliche Auseinandersetzungen verwickelt sind. Die Spieler haben mir schon viele realistische Gründe genannt, warum sie gerade nicht flüssig waren.

Und eines ist ja ganz klar. Nicht jeder Profisportler verdient Millionen. Die Spieler, mit denen ich mich unterhalten habe, verdienten beispielsweise in der 2. Liga zwischen 22.000 und 37.000 Euro monatlich plus Prämien. Es mag sein, dass es eine Vielzahl gibt, die noch viel mehr verdienen; das weiß ich nicht, das spielt aber auch keine Rolle.

Wenn also das unmoralische Manipulationsangebot unterbreitet wird, habe ich von allen Fußballspielern, mit denen ich mich unterhalten hatte, gehört, dass sie zunächst überlegt hätten, wer der nächste Gegner sei. Dann rotiert es im Kopf, und man überlegt: *Soll ich es machen? Wir verlieren eh gegen die, da kann ich ja ruhig sagen, dass ich manipulieren würde. Und ich bin mit wenig Aufwand meine Schulden los.* Genau so haben alle Spieler ihren Einstieg in die Manipulation geschildert. Ausnahmslos.

Kein einziger hat anfangs zu mir gesagt: »Klar, ich wollte manipulieren, denn mir war alles egal.« Ich habe auch heute noch Kontakt zu vielen Fußballspielern von damals, zu einigen pflege ich sogar ein sehr enges Verhältnis und tausche mich regelmäßig mit ihnen aus. Selbst heute noch fällt es vielen schwer, direkt zuzugeben, dass sie manipuliert haben. Und zwar auf dem Spielfeld. Sie haben absichtlich Ereignisse herbeigeführt, die sie zuvor mit der Fußballmafia abgesprochen hatten.

Doch darüber können sie nicht klar sprechen, weil sie einen völlig anderen Lebenslauf hinter sich haben. Sie haben dem Fußball alles untergeordnet – des Erfolges wegen. Sie haben ihr komplettes Leben auf diesen Sport ausgerichtet. Und nun fällt es ihnen verdammt schwer, zuzugeben, dass sie das Erreichte – Erfolg, sogar Ruhm – einfach so weggeschmissen haben. Außerdem kommen bei einem Sportler Gedanken wie »absichtlich verlieren« eher nicht vor.

Wenn diese Sportler also in diesem kleinen Wettbüro stehen, an der Wand hängt das eigene Trikot gerahmt hinter Glas, daneben ein Wimpel des eigenen, aktuellen Vereins und der Typ verlangt, das nächste Spiel zu verlieren, weil die angehäuften Schulden so hoch sind, dass man tatsächlich darüber nachdenkt, dann ist es wohl so, dass es eigentlich schon kein Zurück mehr gibt.

Der Spieler willigt ein. In mehreren Fällen war es so, dass neben den geforderten 20.000 Euro Wetteinsatz auch der Personalausweis oder der Führerschein als Pfand einbehalten wurden.

Der große Star, der wöchentlich in den Zeitungen steht, der von zig Fans verehrt wird, gibt in einer schäbigen Wettbude seinen Führerschein als Pfand ab, damit gewährleistet ist, dass das nächste Spiel verloren wird.

Von da an spielt es auch keine Rolle mehr, ob das nächste Spiel tatsächlich gewonnen oder verloren wird. Dieser Spieler ist am Ende. So viel kann ich sagen. Denn er wird aus diesem Teufelskreislauf nie wieder herauskommen.

Endet das Ergebnis so wie gewollt, ist es *für den Moment* gut. Jedoch sollte der Spieler nicht glauben, dass jetzt auch wirklich *alles gut* wird. Denn das nächste Spiel wartet schon. Kommt das gewünschte Ergebnis nicht, geht es ebenfalls weiter.

Und noch etwas haben die Spieler nie bedacht: Sie haben sich mit der Wettmafia eingelassen. Das bedeutet, dass sie sich auch speziellen Regeln unterworfen haben.

Die vom Fußballspieler abgegebenen Wetten stimmten plötzlich nicht mehr mit den angenommenen Wetten überein.

Dazu ein Beispiel. Die abgegebenen Wetten der Fußballspieler waren überwiegend illegal. Das heißt, sie wurden »privat« bei dem Wettbürobetreiber abgegeben. Ohne Beleg der gespielten Wette. Bei einem Gewinn wurde die Summe verrechnet und zwar so, wie es der Wettpate vorzog. Sollte der Fußballspieler damit nicht einverstanden gewesen sein – Pech gehabt. Hierbei ging es zum Teil um erhebliche Summen. Was tun? Wo hätte sich der Spieler beschweren wollen? Er konnte nicht »mal eben« vom Vertrag zurücktreten oder das Geld einklagen. Geld aus Manipulationen einklagen? Wettscheine hatte er ebenfalls nicht – denn es war ja eine »private« Wette.

Dadurch, dass auch die ausgegebenen Wettquoten unabhängig vom tatsächlichen Wettmarkt waren, kam es im Falle eines Gewinns regelmäßig zu Diskussionen zwischen Wettsetzer (Fußballspieler) und Wettannehmer (kriminelles Netzwerk). Denn im Nachgang konnte sich der Wettannehmer plötzlich nicht mehr an die ausgegebene Quote erinnern.

Auch hier fiele der Nachweis schwer, sollte der Kicker versuchen, etwas einzuklagen. Denn der Wettbürobesitzer sagte die Wettquote persönlich dem Spieler zu, was vielleicht anfangs für den Spieler ein weiteres Lockmittel war, um die Wette zu platzieren. »Bei mir bekommst du besondere Quoten.« Einen Nachweis in Form eines Wettscheins gab es nicht.

Nur teilweise wurden bestehende Wettscheine um eine handschriftliche Notiz erweitert, um die eigentliche Wette zu dokumentieren. Nur: Einen richtigen Beweiswert haben diese natürlich nicht. Und wenn der Wettanbieter am Finanzamt vorbei Wetten anbietet, wird er natürlich versuchen, diesen Vorgang so unauffällig wie möglich zu gestalten – also ohne offizielle Belege.

Was an dieser Stelle nur deutlich gemacht werden soll: Seriöse Wettgeschäfte waren das längst nicht mehr!

Warum lassen sich Fußballprofis auf solche Absprachen ein und verfangen sich dadurch tief im Netz der Mafia?

Fußballspieler sind auch nur Menschen wie du und ich. Manche führen ein seriöses Leben, andere wiederum nicht. Manche sind ihrer Partnerin treu, manche nicht. Auch dieser Umstand wird oftmals dazu verwendet, Spieler zu erpressen.

Fußballspieler anzutreffen ist nicht so schwer wie man vielleicht glaubt. In jeder Stadt gibt es Plätze, die dafür bekannt sind, dass sich Fußballer dort treffen. Bestimmte Cafés, bestimmte Restaurants usw. Wenn ich es gezielt darauf anlege, mit diesen Leuten in Kontakt zu kommen, dann gibt es auch die Möglichkeit dazu. Außerdem stellt sich niemand von der Fußballmafia als Fan vor. Ganz im Gegenteil. Durch das vermeintlich seriöse Auftreten wird eine bestimmte geschäftliche Position vorgespielt. Inzwischen hat die Wettmafia ein Netzwerk an Spielern um sich herum aufgebaut, sodass auf tatsächliche Bekannte aus der Szene hingewiesen werden kann; das wirkt natürlich glaubwürdig.

Und es wird ja auch nicht beim ersten Treffen über eine Manipulation gesprochen. Man baut nach und nach den Kontakt auf. Wenn man sich zum dritten Mal über den Weg läuft, kommt man sich schon ein wenig vertrauter vor. Das ist ein ganz normaler Prozess.

Die Kriminellen versuchen, die Schwächen des Gegenübers zu taxieren. Wenn man nach einer wilden Partynacht vorschlägt, gemeinsam noch um die Häuser zu ziehen und schließlich in einem Bordell landet, dann wird der Fußballspieler, der zu Hause Frau und Kind sitzen hat, schon mal sprachlos, wenn der Kriminelle das Gespräch in den nächsten Tagen auf den gemeinsamen Abend bringt.

Aus meinen Erfahrungen kann ich sagen, dass es dann relativ einfach ist, solche Spieler für eine Manipulation zu gewinnen.

Eines möchte ich hier auch ganz klar und deutlich ansprechen: Man könnte vermuten, dass die Spieler zunächst immer nur die Opfer sind, im Grunde Opfer ihrer eigenen Charakterschwäche. Es gibt mindestens genauso viele Kicker, die aus Gier und eigenem Antrieb die Wettmafia unterstützen. Bis heute erzählen mir die Kriminellen von damals, die vermutlich nach wie vor in Wettmanipulationen involviert sind, immer wieder, dass sie von Fußballspielern kontaktiert und gefragt werden, ob nicht »etwas machbar« sei.

Schon im Jugendbereich kann man feststellen, dass das Platzieren von Wetten eine völlig normale Sache ist. In der Kabine werden kurz am Handy die Quoten geprüft und dann wird in die Runde gefragt, wer bereit sei mitzuwetten.

Wenn dann einer dieser Spieler schon Kontakte zu einer bestimmten Wettannahmestelle und einer bestimmten Klientel hat, dann ist der Weg zur Manipulation nicht mehr weit. Denn in diesem Bereich werden definitiv noch keine Millionen verdient. Wenn Jugendspieler wissen, dass man schon für das Platzieren einer Wette auf die erste Gelbe Karte einen entsprechenden Gewinn einfahren kann, warum sollte man glauben, dass die Gier nicht so groß ist, das einmal auszuprobieren?

Diese Gier steckt in jedem von uns. Der eine hat sie im Griff, der andere nicht.

Deshalb sind manipulierende und manipulierte Fußballspieler definitiv *nicht* die Opfer. Im Gegenteil. Sie sind ebenso Gift für den Sport wie die Wettmafia auch. Sie gehören notwendig dazu, denn ohne die Akteure des Sports wären Manipulationen nicht möglich.

Richtet man den Blick ins Ausland, sind vermutlich auch noch andere strukturelle Gründe dafür verantwortlich, warum sich plötzlich die Sportelite mit der Wettmafia verbündet.

Schaut man sich einmal an, was ein Schiedsrichter aus Ungarn oder Bulgarien (um nur zwei Beispiele zu nennen) an einem WM-Qualifikationsspiel legal verdient – nach meinen Informationen waren es im Höchstfall 10.000 Euro für ein Spiel – und sieht man sich dagegen an, was die Wettmafia einem Schiedsrichter für ein manipuliertes WM Spiel zahlt – durchschnittlich 50.000 Euro – dann war es für die »Unparteiischen« wirtschaftlich eine Win-win-Situation.

Das jährliche Durchschnittseinkommen in Ungarn liegt bei 12.516 Euro, das sind pro Monat noch nicht einmal 1.050 Euro. In Bulgarien sind es im Jahr durchschnittlich 7.500 Euro, also pro Monat 625 €. Deutschland liegt dagegen bei einem Jahresdurchschnittseinkommen von fast 40.000 Euro, also über 3.220 Euro pro Monat.[6]

Bietet man also einem ungarischen Schiedsrichter 50.000 Euro für ein manipuliertes WM-Qualifikationsspiel, so wäre das mehr als das Vierfache eines Jahresdurchschnittseinkommens. Er wird wahrscheinlich nicht oft die Gelegenheit bekommen, ein WM-Qualifikationsspiel zu leiten. Wird er erwischt, dann wird er sportrechtlich verurteilt und gesperrt. Das Geld hat er aber schon bekommen, die Manipulation fand ebenfalls bereits statt. Er wird zwar kein Spiel mehr pfeifen, aber er hätte einen einmaligen, satten Gewinn gemacht. Wird er nicht erwischt, so wird das kriminelle Netzwerk auch weitere Spiele mit ihm manipulieren.

Bei den Vereinen oder Verbandspräsidenten verhält es sich ähnlich. Es gab Absprachen zwischen der Wettmafia und afrikanischen Nationalmannschaften. Zunächst getarnt als Sportvermarktungsagentur, wurde der Verband angeschrieben und ein Angebot für ein Freundschaftsspiel unterbreitet. Bei einer Zusage durften sich der Verbandspräsident oder andere Funktionäre über eine stattliche Entlohnung freuen.

Stieß man auf Interesse, so wurde dann ganz deutlich auch der Hintergrund eines solchen Freundschaftsspiels mitgeteilt. Es wurden Absprachen zum Ausgang des Spiels besprochen. Es war nicht selten der Fall, dass die komplette Nationalmannschaft involviert war. Ich habe selbst mit Spielern gesprochen, die mir erzählten, dass vor so einem Spiel die Spieler zum Shoppen gegangen sind. Das Taschengeld haben sie zuvor von der dubiosen Sportvermarktungsagentur, sprich von der Wettmafia, erhalten. So schleppten professionelle Kicker, die ihr Land bei einem Fußballspiel vertreten sollten, Einkäufe ins Hotelzimmer, wohlwissend, dass sie gerade nicht nur ihre verlorene Moral in den Einkaufstüten trugen, sondern dass sie eine ganze Nation durch ihr Verhalten vor den Kopf stießen. Doch das war ihnen völlig egal.

Wir reden hier nicht von einem privaten Kegelklub. Wobei dieser wahrscheinlich wesentlich motivierter gewesen wäre und so viel Stolz besessen hätte, um sich nicht auf krumme Geschäfte einzulassen.

So verwundert es dann auch nicht mehr, wenn komplette WM-Qualifikationsspiele verschoben wurden und am Ende nicht (nur) die sportlich stärksten Teilnehmer an einer WM teilnahmen, sondern zum Teil die, die für die Wettmafia interessant waren. Nach Angaben eines der größten asiatischen Wett-Mafiapaten war ein WM-Qualifikationsspiel in der Form verschoben, dass eine der beteiligten Mannschaften nur aufgrund dieser Manipulation an der WM teilnehmen konnte.

Bei einer Fußballweltmeisterschaft! Da sollten die Besten der Besten spielen. Und nicht die, die durch ein gekauftes Spiel die nötigen Punkte gesammelt haben.

Kapitel 5

WETTPATEN

In meiner bisherigen dienstlichen Tätigkeit habe ich mit den unterschiedlichsten kriminellen Gruppierungen zu tun gehabt. Mit der italienischen Mafia, bulgarischen Geldfälschern, türkischen Drogenbaronen, russischen Killern, verschiedenen Rockerbanden, nigerianischen Menschenhändler sowie anderen kriminellen Vereinigungen. Und eben auch mit den Wettpaten.

Obwohl ich mich im privaten Bereich zurückhalte, wenn es darum geht, von meiner Arbeit zu sprechen, kommt es doch immer wieder mal vor, dass ich meinen Bekannten von meiner Tätigkeit berichten soll, weil sie den Beruf des Polizisten spannend finden. Eine der häufigsten Fragen, die mir dabei gestellt wird, ist die: »Hast du keine Angst, dass dir etwas passieren könnte?«

Wahrscheinlich ist diese Frage nicht ganz unbegründet. Jedoch habe ich mich, ehrlich gesagt, bisher nicht wirklich mit ihr auseinandergesetzt. Es stimmt schon, die kriminellen Gegner verfügen über ein ausgeprägtes Gewaltpotenzial. Mal mehr, mal weniger.

Ich wollte aber schon immer Polizist werden, ich wollte immer besser sein als die Kriminellen. Und sollten sie noch so gerissen, konspirativ oder gut aufgestellt sein. Je schwieriger der Fall zu klären ist, umso mehr war und ist es eine Herausforderung für mich, den oder die Täter zu überführen. Ich bin besessen davon, den Fall erfolgreich zum Abschluss zu bringen, und gebe erst dann Ruhe, wenn die Handschellen klicken. Dafür tue ich alles. Deshalb verdränge ich wahrscheinlich den Gedanken daran, mich mit der Angst vor Gangstern zu beschäftigen.

Ein polizeiliches Verfahren zur Bekämpfung der Organisierten Kriminalität ist ein längerfristiger Prozess. Es geht darum, kriminelle Strukturen zu erhellen und am Ende die großen Bosse zu überführen. Es geht nicht darum, auf die Schnelle einen Einzeltäter einer Straftat zu überführen. Das heißt, dass man sich tagein, tagaus mit dem kriminellen Netzwerk befasst. Man lernt jeden Einzelnen auf eine ganz besondere Weise kennen.

Dazu stehen mehrere Möglichkeiten zur Verfügung. Durch die Observation erkennt man spezielle Verhaltensweisen, durch die Telefonüberwachung hört man das gesprochene Wort, man hört, wie die Verdächtigen sich artikulieren, man hört, wie sie miteinander umgehen, man hört, wie sie über andere denken, man hört, wie sie zu bestimmten Situationen stehen, und man erlebt ihre Emotionen. Und das, ohne dass sie davon wissen.

Als quasi Unsichtbarer um diese Persönlichkeiten herumzuschwirren, ist ein wichtiger Teil der anschließenden polizeilichen Arbeit. Man lernt diese Charaktere sehr genau kennen. Man erkennt, ob sie einander belügen, betrügen, wie sie mit ihren Familien umgehen, ob sie hinterlistig und falsch, ob sie böse, schwach, dumm, gewalttätig – und ob sie tatsächlich kriminell sind.

Nun hatte ich es nicht mehr mit den Handlangern der Organisierten Kriminalität zu tun, ich lernte jetzt auch die Profile der Wettpaten kennen. Wer sind diese Typen? Was treibt sie an? Für mich war es so, als würde ich von einem Zehn-Meter-Brett in ein unbekanntes Gewässer springen. Ich hatte zunächst keine blasse Ahnung, mit wem wir es da zu tun hatten.

Das Spannende an meiner Arbeit ist, dass ich die unterschiedlichsten Menschen kennenlerne. Sowohl auf der guten als auch auf der schlechten Seite dieser Welt. Mit zunehmender Erfahrung lernt man die verschiedenen Sichtweisen einzuordnen. Auf der einen Seite befinden sich die Kriminellen, die aus ihren eigenen Beweggründen so handeln, wie sie es tun, und auf der anderen Seite sitze ich, der nun hautnah miterlebt, wie die dunkle Seite dieser Welt funktioniert.

Die dunkle Seite der Welt ist in diesem Fall die dunkle Seite der Sportwelt, des Fußballs.

Meine Aufgabe war es zunächst, die in Deutschland agierenden Wettpaten zu vernehmen. Ich kannte sie ja schon – auf eine eigene Weise – durch Profilerstellungen im Zuge der Ermittlungsarbeit. Es ist aber noch einmal etwas völlig anderes, wenn man den Personen dann persönlich begegnet.

Da sitzt er nun. Einer derjenigen, die dafür verantwortlich sind, dass ich den Fußball mit ganz anderen Augen wahrnehmen musste. Türke. Ein unscheinbarer Durchschnittstyp, keine besonderen optischen Merkmale. Sein Blick ist nach unten gerichtet, sein Anwalt ist ebenfalls dabei, wie immer bei solchen Vernehmungen.

Viele Polizisten, die ich kennengelernt habe, sehen in dem Verteidiger eine Art Gegner, ja manche sogar einen Feind. Und dementsprechend ist die Atmosphäre schon vor Beginn einer solchen Vernehmung künstlich angespannt. Ich sehe das völlig anders. Der Anwalt ist Mittel der Rechtspflege. Und in §140 der Strafprozessordnung ist sogar geregelt, wann ein (Pflicht-)Verteidiger notwendig ist.

Selbst für die sogenannten Konfliktverteidiger – also jene Rechtsbeistände, die es in einem Gerichtsverfahren darauf abgesehen haben, die Ermittlungsbeamten in eine unsachliche Diskussion zu verstricken, die dazu führt, dass gewisse Emotionen ausgelöst werden und der Polizist von seinem eigentlichen sachlichen Weg abkommt und dadurch womöglich angreifbar wird – kann ich ein gewisses Maß an Verständnis entgegenbringen. Was nicht heißen soll, dass alles immer Friede, Freude, Eierkuchen ist und ich emotional unterkühlt bin. Nein, es gibt schon ziemliche Vögel unter den Anwälten, allerdings auch bei der Polizei. Also noch einmal: Der Rechtsanwalt ist nicht mein Feind.

Wir sitzen uns zu dritt gegenüber. Der Anwalt, der Polizist, der Wettpate, nennen wir ihn Hassan. Ich verwende ganz bewusst ein Pseudonym, nicht nur aus rechtlichen Gründen. Mir geht es grundsätzlich nicht darum, hier einzelne Täter zu outen. Namen und Personen sind bei den kriminellen

§ 140 Strafprozessordnung
Notwendige Verteidigung

(1) Ein Fall der notwendigen Verteidigung liegt vor, wenn

1. zu erwarten ist, dass die Hauptverhandlung im ersten Rechtszug vor dem Oberlandesgericht, dem Landgericht oder dem Schöffengericht stattfindet;
2. dem Beschuldigten ein Verbrechen zur Last gelegt wird;
3. das Verfahren zu einem Berufsverbot führen kann;
4. der Beschuldigte nach den §§ 115, 115a, 128 Absatz 1 oder § 129 einem Gericht zur Entscheidung über Haft oder einstweilige Unterbringung vorzuführen ist;
5. der Beschuldigte sich auf Grund richterlicher Anordnung oder mit richterlicher Genehmigung in einer Anstalt befindet;
6. zur Vorbereitung eines Gutachtens über den psychischen Zustand des Beschuldigten seine Unterbringung nach § 81 in Frage kommt;
7. zu erwarten ist, dass ein Sicherungsverfahren durchgeführt wird;
8. der bisherige Verteidiger durch eine Entscheidung von der Mitwirkung in dem Verfahren ausgeschlossen ist;
9. dem Verletzten nach den §§ 397a und 406h Absatz 3 und 4 ein Rechtsanwalt beigeordnet worden ist;
10. bei einer richterlichen Vernehmung die Mitwirkung eines Verteidigers auf Grund der Bedeutung der Vernehmung zur Wahrung der Rechte des Beschuldigten geboten erscheint;
11. ein seh-, hör- oder sprachbehinderter Beschuldigter die Bestellung beantragt.

(2) Ein Fall der notwendigen Verteidigung liegt auch vor, wenn wegen der Schwere der Tat, der Schwere der zu erwartenden Rechtsfolge oder wegen der Schwierigkeit der Sach- oder Rechtslage die Mitwirkung eines Verteidigers geboten erscheint oder wenn ersichtlich ist, dass sich der Beschuldigte nicht selbst verteidigen kann.

(3) (weggefallen)

Handlungen wie Sport- und Wettbetrug austauschbar, und die allermeisten der in diese Delikte verstrickten Personen sind noch in ihrem grenzüberschreitenden Metier tätig.

Ich möchte das, bildhaft gesprochen, mit einer Sanduhr vergleichen, in der Millionen kleiner Sandkörner durch eine winzige Öffnung rieseln. Wenn ich da nur ein Sandkorn entnehme, versage ich in der Beschreibung des Vorgangs und halte den Fluss des Sandes auch dadurch nicht auf. So ungefähr muss man sich das beim Phänomen des internationalen Matchfixings vorstellen. Trotzdem ist es natürlich hilfreich, sich ein einzelnes »Sandkorn« stellvertretend für andere einmal genauer anzuschauen:

Wir sitzen also in meinem Büro im Polizeipräsidium Bochum. Vielleicht ist der Begriff »Büro« etwas zu großspurig, denn das meine ist nicht viel größer als eine Telefonzelle. Ich führe meine Vernehmungen grundsätzlich allein durch. Ich kann so mein Gegenüber besser taxieren, seine Emotionen erahnen und eventuell darauf eingehen. In meinen Vernehmungen spielen nonverbale Eindrücke eine große Rolle, denn sie verraten mir oft mehr über den Verdächtigen als seine Worte.

Auch beim Protokollieren der Vernehmungen gehe ich darauf ein. Ich schreibe keine kurze Inhaltsangabe von dem, was der Beschuldigte mir gerade erzählt hat, sondern versuche auch, die Emotionen, die ich während des Gesprächs wahrgenommen habe, zum Ausdruck zu bringen. Nun also mein »erster« Wettpate, Anfang 40. Er ist nicht so auffällig, dass ich sagen könnte: Er ist besonders weltläufig.

Es beginnt mit einer Art Abtasten, er empfindet das genauso. Hassan will wissen, was ich schon weiß und was nicht. Ich will ihn überprüfen können, ob das, was er mir erzählt, aus meiner Sicht stimmt, ob er mich anlügt oder nur irgendwelchen Mist erzählt. Es ist immer das gleiche Spiel, die Wahrheit gewinnt nicht immer.

Natürlich sind wir, die Ermittler, in solchen Fällen nicht unvorbereitet. Wir haben die Protokolle der richterlich genehmigten telefonischen Überwachung von Verdächtigen, Aussagen von Zeugen und anderen Tätern, eigene Ermittlungen, auf die ich nicht näher eingehen möchte.

Hassan beginnt über sich zu erzählen, nicht zögerlich, sondern wie es seinem Typus entspricht. Er redet ziemlich lässig und irgendwie routiniert. Ich stelle ein paar Fragen, auch einige zu fiktiven Vorgängen: Termine, Orte, Zeiten. Dinge, an die er sich erinnern muss. Wenn er da falsch antwortet, weiß ich: Er lügt.

Hassan kommt mir nicht nervös vor, dafür ist er zu abgebrüht. Einschlägig vorbestraft wegen Betrugs, ein Typ wie viele aus der Glücksspielszene, wie Normalbürger sie rund um die Hauptbahnhöfe deutscher Großstädte kennen. Er ist Anfang 40, sein Lebensmittelpunkt liegt irgendwo in Norddeutschland, und er wirkt keineswegs geschockt, dass er hier vor mir sitzt.

Er sei über die Glücksspielszene in das Wettgeschäft eingestiegen, sagt er. Wegen der unübersehbaren Vorteile: hohe Gewinne, kaum Risiken. Allmählich fängt er an zu reden. Spricht über Dinge, die ihm vermeintlich gerade einfallen. Er erzählt einfach drauflos. Er folgt keinem roten Faden, seine Blicke schweifen durch mein winziges Büro, immer wieder schaut er seinen Anwalt an.

Aus meiner Sicht redet Hassan zunächst zusammenhangloses Zeug: Namen von Mittätern und vermeintlich involvierten Fußballprofis, Summen, Termine, Fußballspiele: 2. Bundesliga, 3. Liga, 4. Liga, türkische SüperLig. Es macht auch keinen Sinn, ihn auf irgendeine Einzelheit festzunageln, es sind einfach zu viele. Also versuche ich, eine gewisse Ordnung reinzubringen, denn das schätzen gerade solche Typen ungemein, weil nur eine gewisse Ordnung innerhalb ihrer Organisation sie einigermaßen schützt.

Ziemlich schnell stellt sich heraus: Es geht um Mitglieder des kriminellen Netzwerks, die nicht in Deutschland ansässig sind. Bei seiner Aufzählung der betroffenen Länder wird mir schwindelig: Belgien, Kroatien, Slowenien, Österreich, Schweiz, Türkei, Ungarn, internationale Spiele (Champions League, Europa League, Länderspiele).

Wir reden über Länder, in denen beim Fußball betrogen wird und wo Hassan an Manipulationen beteiligt war.

Mir wird schnell klar, in welche Richtung sich das Ganze bewegt. Es geht jetzt nicht mehr um jugendliche U19-Spieler, um die kleinen Mittäter, die froh über 100-Euro-Botengänge sind. Vielmehr geht es jetzt hierarchisch nach oben. Rasch gewinne ich den Eindruck, dass Hassan nicht zu den Tops gehört. Ich glaube, er kennt sie nicht einmal. Er ist einer der gehobenen Mitläufer, er kennt Ansprechpartner in vielen europäischen Ländern, doch das ganz große Rad dreht Hassan nicht. Aber er tut so. Diese Eitelkeit der Täter ist oft unser Trumpf, manchmal der einzige.

Da sitzt Hassan und erzählt von seinem Netzwerk, von Wetten im Ausland, von Absprachen mit anderen Ganoven, die ihrerseits Spieler, Schiedsrichter und Funktionäre für ihre Betrügereien akquirieren, die alle mitverdienen wollen und sich aber auch gegenseitig betrügen und hintergehen. Es kristallisiert sich rasch heraus, dass es in jedem Land Dutzende von Hassans gibt. Eine internationale kriminelle Szene, die kaum zu durchdringen ist.

Hassan berichtet mir über Wettsetzungen in Höhe von 200.000 Euro und mehr, er setzt auf manipulierte Spiele in der türkischen Liga. Dafür braucht er natürlich Kontakte zu türkischen Mittelsmännern, und die zocken ebenfalls mit. Und dann gibt es noch die Investoren, die Geldgeber, die ihren Reichtum in der Glücksspielszene gemacht haben. Die sind natürlich auch an den Gewinnen beteiligt. Sie alle zusammen gehören zu den Netzwerken, die in fast jedem europäischen Land tätig und eng miteinander verwoben sind und die ständig ihre internationalen Kontakte erweitern. Wettpaten konzentrieren sich nur sehr selten ausschließlich auf ein Land.

Hassan redet nur von »Spielen« – und meint damit ausschließlich manipulierte Spiele, was für ihn offenbar das Normalste der Welt ist. Das hatte ich schon bei der Telefonüberwachung mitbekommen. Mir geht es hauptsächlich darum, zu erfahren, wie diese Ganoven sich Zutritt zu Spielern, Schiedsrichtern und Funktionären verschaffen. Zutritt in eine Welt, die wir Fußballfans nur aus dem Fernsehen oder den Sportzeitschriften kennen.

Beiläufig erwähnt Hassan, dass man überlegt habe, neben den Spielen in der Türkei auch Spiele in Ungarn zu verschieben. Das wäre nämlich kein Problem, weil ihre Kontaktleute die entsprechenden Kriminellen in Ungarn kennen. Auch bei der Wettsetzung schien schon alles geregelt zu sein, denn offenbar konnten sie nicht nur über die bisherigen deutschen Quellen auch bei chinesischen Wettbüros hohe Wetten platzieren.

Das geht ja schneller, als ich gedacht hatte. Plötzlich sind wir schon in Asien, *dem* Wettmarkt, auf dem alles, aber auch wirklich alles bewettet werden kann – von deutschen Jugendspielen, Freundschaftsspielen, Amateurbegegnungen bis hin zur Champions League. Und zwar sowohl auf dem legalen Wettmarkt als auch auf dem illegalen Wettmarkt.

Im juristischen Sinne werden der legale und illegale Wettmarkt über die jeweilige staatliche Regulierung beziehungsweise Lizenzierung beschrieben. Das ist auf dem asiatischen Kontinent wie überall auf der Welt geregelt. In China zum Beispiel sind Sportwetten nach dem Gesetz nur über die staatliche Sportwetten-Lotterie legal. Ausnahmen gibt es unter anderem für die Sonderverwaltungszone Macau sowie für Hongkong. Zugleich gehört China zu einer der größten Sportwetten-Nationen der Welt, wo ein Großteil der Sportwetten nicht bei lizenzierten Wettanbietern platziert wird, sondern illegal über ausländische Onlineportale oder bei Buchmachern »auf der Straße«. Teilweise werden Onlineanbieter durch die chinesische Regierung blockiert – vorwiegend aber nicht. Ein Teil des asiatischen Wettmarktes ist pyramidenförmig aufgebaut. Die Basis bilden sogenannte Agenten, bei denen Wetten per Telefon, in Restaurants, in Nachtclubs oder Karaoke-Bars platziert werden können. Die Agenten streichen eine Provision ein. Als Kunde weiß ich nicht, was dann mit meiner Wette passiert. Der Agent kann selbst als Buchmacher agieren oder die Wette an einen sogenannten regionalen Super-Agenten weiterleiten. Der Super-Agent gibt die Wette dann an einen Master-Agenten weiter. Im besten Fall platziert der Master-Agent dann die Wette beim eigentlichen Buchmacher. Daher sind die Wettanbieter in Asien hohe Beträge gewohnt, denn sie sind die Addition vieler einzelner Wetten durch das Agentensystem.)

Ein Teil des illegalen Wettmarkts, den ich durch die Ermittlungen kennengelernt habe, ist ein privater Wettmarkt. Es werden Wetten privat angenommen, ohne Belege, ohne die Spiele zu dokumentieren. Auch die Quoten werden persönlich erstellt und angeboten. Beispiel: Ich habe ein kriminelles Netzwerk hinter mir und weiß, dass Spiel X gegen Y manipuliert wird. Wenn mir nun eine Wette angeboten wird, kann ich natürlich ganz andere Quoten herausgeben, weil ich ja Insiderwissen habe. Aber auch wenn ich scheinbar seriöser Wettanbieter bin, kann ich nebenbei privat Quoten für ein Spiel herausgeben, die lediglich zwischen dem Wetter und dem Anbieter vereinbart sind, also inoffiziell. Dafür werden keine Steuern gezahlt, es gibt keine buchhalterischen Belege, es wird nichts dokumentiert. Es kann auch nichts eingeklagt werden. Aber es werden sehr hohe Summen generiert, am Finanzamt vorbei.

In Deutschland und vielen anderen europäischen Ländern sind die Möglichkeiten für Matchfixer in Wettbüros begrenzt, weil es Limits bei den Wetteinsätzen gibt. Also drängt die Organisierte Kriminalität nach Asien: China, Philippinen, Singapur, Malaysia, Hongkong. Hier ist es ein Spiel der unbegrenzten Möglichkeiten. Sechs- und siebenstellige Wettsetzungen sind hier normal. Geschätzte zwei Milliarden Euro Umsatz an einem Wochenende bei den großen asiatischen Anbietern – der ganz normale Wahnsinn.

Allerdings ist es für europäische Matchfixer nicht ganz einfach, in Asien Fuß zu fassen. Sie brauchen Kontaktpersonen, die ihnen den Zugang zu dem Teil des asiatischen Wettmarktes ermöglichen, auf dem die großen Summen gesetzt werden können.

Ich sage Hassan, dass ich zunächst einmal gar nicht an Einzeltaten interessiert bin. Vielmehr soll er mir den Ablauf einer Manipulation von der ersten bis zur letzten Sekunde erklären. Hassan ist einverstanden.

Hassan beginnt: »Zunächst mal hat einer von uns ein Spiel und bietet es den anderen an. Mit Spiel meine ich natürlich ein manipuliertes Spiel. Dann schauen wir nach geeigneten Wettanbietern. Und zwar nach offiziellen Anbietern und auch den illegalen Anbietern. Bei den illegalen Wettanbietern bekommt man keinen Wettschein, keine Quittung, man gibt die Wetten mündlich ab. Bei den offiziellen Wettanbietern, also den Wettbüros, bekommt man diese Dinge. Die Wettquoten unterscheiden sich ebenfalls. Zwar orientieren sich Quoten der illegalen Wettanbieter an denen der offiziellen, weichen aber dennoch von diesen ab.«

Hassan erklärt das Vorgehen illegaler Wettanbieter an einem Beispiel: »Team A spielt gegen Team B. Ein Typ wettet bei mir, dass Team A gewinnt und setzt 50 Euro. Dann vereinbaren wir beide, was der Typ bekommt, wenn er recht hat.« Ich halte Hassan vor, dass ich von der Telefonüberwachung wüsste, dass Summen zwischen 300.000 Euro und mehr gesetzt wurden, auch auf dem illegalen Wettmarkt, also privat. Und es genüge ein einziger Anruf bei dem Anbieter, um diese Summe zu platzieren.

Hassan zuckt überhaupt nicht zusammen. »Ja, klar. Ein Anruf genügt, und wenn ich verloren habe, habe ich auch immer bezahlt.«

Meine nächste Frage: »Woher hatten Sie so viel Kohle?« Seine Antwort: »Wenn ich beispielsweise für 50.000 Euro wette, habe ich vorher überlegt, woher ich die Kohle nehme und bei wem ich Schulden machen könnte … Es gibt ja auch Geschäftsleute, die mir ab und an das Geld leihen – und ich leihe ihnen etwas.«

Geschäftsleute! Jetzt kommen wohl jene dubiosen Investoren, die Geldgeber, ins Spiel. Sie sind, auch in Deutschland, ein wesentlicher Teil des kriminellen Systems, denn auch sie verdienen mit und machen in vielen Fällen die Manipulation erst möglich. Wir werden immer wieder auf sie stoßen. In jedem Land.

Außerdem hat Hassan bei seinen Betrügereien Gewinne erwirtschaftet, die er reinvestieren kann. Beispiel: Bei einem manipulierten Spiel in Deutschland setzte er 201.000 Euro ein und gewann 452.000 Euro, erzielte also einen Nettogewinn von 251.000 Euro. Das ist schon mal wieder Geld für neue Wetten oder um Spieler und Schiedsrichter zu bezahlen.

Offensichtlich hatte Hassan nie ein Problem, nach Belieben über Summen zu verfügen, die für Normalbürger utopisch sind. Das habe ich zwar schon bei der Telefonüberwachung angezweifelt und konnte es mir nie erklären, aber es ist so. Das kriminelle Netzwerk verfügt, wie auch Mafia-Organisationen, die ja zum Teil selbst beim Matchfixing mitmischen, über schier unendliche monetäre Mittel: Durch Beziehungen, durch Gefallen, die man sich untereinander schuldet, war es nicht allzu schwer – zumindest für die Paten nicht – solche Summen verfügbar zu machen.

Zudem bekommen sie auch Geld von bereits involvierten Fußballspielern, die ihre Spielschulden abzahlen. Deren Schuldenberg wurde in der Regel nicht kleiner, weil sie immer wieder neue Wetten platzierten und dabei auch Fehltreffer landeten. Ein irrer Teufelskreislauf.

Hassan verfügte aus seiner kriminellen Vergangenheit in der Glücksspielszene über einschlägige Kontakte. Er kannte Typen, die nicht davor zurückschrecken, andere Leute zu erpressen, ihnen körperliche Gewalt anzutun oder auch sie zu töten. Allerdings schockierte mich das geradezu blinde Vertrauen der Betrüger untereinander, obwohl sie voneinander genau wussten, dass man sich nicht vertrauen kann. Die Ganoven gehen ja auch untereinander über Leichen: Bedrohungen und Erpressungen sind nicht selten. Vielleicht war dieses blinde Vertrauen ein notwendiges Übel – in dem Wissen, dass man mit den Manipulationen unendlich viel Geld generieren kann und abhängig voneinander ist. Für dieses Geschäft muss man sich halt auch mal arrangieren.

Hassan erzählt weiter: »Also wir wussten, dass ein Spiel manipuliert ist.« Ja, hake ich ein, aber das ist der zweite Schritt. Zuvor muss man die Spieler dazu bringen, zu manipulieren. Hassan meint, das stimmt. Eigentlich seien die Spieler immer von sich aus zu ihm gekommen – und zwar Spieler aller Ligen. Seine Kontaktleute im In- und Ausland regelten das, er selbst müsse sich um das Ansprechen der Spieler nicht kümmern. Dafür führe er andere Gespräche. Er erkläre den Spielern, was zu tun sei. Ganz direkt, ohne Schmeichelei.

Teilweise kannte Hassan die Spieler gar nicht, er wusste nicht, ob es namhafte Kicker waren. Hassan führte geschäftliche Gespräche. Und machte sogleich auch deutlich, was passieren könnte, wenn solche Geschäfte nicht funktionierten. Was passierte, wenn die Spieler sich nicht an Absprachen hielten, wenn sie nicht so funktionierten, wie Hassan es sich vorstellte.

Auch die Spieler wussten von diesem Zeitpunkt an, dass sie nicht mit irgendeinem Laufburschen sprachen. Wer mit Hassan sprach, wusste, worauf er sich eingelassen hatte, spätestens jetzt! Hassan erklärt mir auch, er habe den Spielern nicht gesagt, dass sie schlecht spielen sollten. Es gab nur eine Vereinbarung – nämlich wie das Spielergebnis auszusehen hatte. »Wie die Spieler das machen, war mir scheißegal«, erklärt der Wettpate.

Dann schildert mir Hassan ein manipuliertes Spiel in Deutschland, in der 2. Bundesliga. Knapp 13.000 Zuschauer verfolgten die Begegnung live im Stadion, wahrscheinlich wusste nur eine Handvoll Menschen von dem anstehenden Betrug. Wir hatten ermittelt, dass das kriminelle Netzwerk 50.000 Euro an mindestens zwei Fußballprofis gezahlt hatte. Insgesamt wurden auf dieses Spiel in Kombination mit anderen, nicht manipulierten Spielen 171.250 Euro gewettet. Sogenannte Kombinationswetten, also das Kombinieren von mehreren Fußballspielen auf einem Wettschein, haben zur Folge, dass die einzelnen Wettquoten addiert werden und somit sich auch der zu erwartende Gewinn erhöht. Damit ist die Kombinationswette eine der Wettformen, die von Betrügern sehr gern gewählt wird. In diesem Fall lag der illegale Wettgewinn bei 293.000 Euro. Gewettet wurde in Deutschland bei Tipico und dem Online-Anbieter bet-at-home.de, in Asien unter anderem bei den Marktführern SBO und IBC.

Es ist ein Freitagabendspiel, Beginn: 18 Uhr, Flutlicht. Für die kriminelle Bande um Hassan starten die Vorbereitungen dafür bereits elf Tage vorher. Hassan erzählt: »Ich kannte bereits zwei Spieler aus der Mannschaft. Mit denen hatte ich bereits vorher Manipulationen durchgeführt. Da war es natürlich kein Problem, eine weitere Manipulation zu planen. Wir hatten zu dieser Zeit schon so viele manipulationswillige Spieler, und es kamen immer mehr dazu. Solche Spieler zu bekommen, war überhaupt kein Problem. Es ist alles eine Frage des Geldes. Jeder ist käuflich. Und weil die Spieler geldgierig sind und wir ihnen sagten, dass sie sich nach weiteren Spielern umschauen sollten, die mit uns arbeiten wollen, wuchs unser Netzwerk stetig an. Wir bekamen immer mehr Spieler aus immer mehr Vereinen dazu.

Mein Partner Ivo drängte auf dieses Spiel. Er rief mich einen Tag davor an und meinte: »Lass uns setzen, richtig viel meine ich«. Ich sagte zu Ivo: »Ich bin schon die ganze Woche da dran. Alles gut. Die haben eine Scheißmannschaft. Und mit den Spielern ist alles klar. Wie viel sollen wir setzen, Ivo?« Am Ende einigten wir uns auf 300.000 Euro. Wir waren uns sicher, dass es klappt. Schließlich hatten wir jedoch nur etwas mehr als 170.000 Euro Einsatz.

Im Vorfeld habe ich mich mit einem der Fußballprofis getroffen. Wir trafen uns entweder bei McDonalds, an Autobahnraststätten oder in irgendeinem Hinterzimmer eines Wettbüros, dort hatten die Hurensöhne aber oft Schiss, das konnte ich denen immer sofort ansehen.

Ich fragte den Spieler: »Wie sieht's aus? Was läuft bei euch im nächsten Spiel?« Der Spieler wusste sofort, um was es geht, wir brauchten gar nicht lange zu quatschen. Ich musste ihn gar nicht lang überzeugen, er war sofort dabei. Und sagte mir auch sofort, dass er seinen Mitspieler, also einen weiteren Profi, informieren wird, denn der sei auch dabei.

Das wusste ich natürlich, denn Ivo hatte sich mit dem anderen Profi im Vorfeld getroffen und ihn gefragt, was er für die Manipulation haben will. 100.000 Euro, hat der Spieler ihm gesagt. Der ist doch wohl irre! Der hat keine Forderungen zu stellen, die Regeln bestimmen wir.

Ich habe den beiden jeweils 25.000 Euro zugesagt. Dafür sollten sie das Spiel verlieren. Das war die Absprache. Ich hatte denen aber auch gesagt, dass man auch für einen verschuldeten Elfmeter oder eine Rote Karte 25.000 Euro bekommen kann. In diesem Fall hatten die beiden Drecksäcke allerdings Wettschulden bei mir, der eine 25.000 Euro, der andere 20.000 Euro. Die hatten also auch gar keine Chance, die Manipulation nicht durchzuführen. Die wussten ganz genau, dass sie sonst »gefickt werden.«

Und »gefickt werden« heißt: ein Spießrutenlauf für beide Profis. Telefonanrufe mit Beschimpfungen, Geldforderungen, Bedrohung mit dem Hinweis auf die Familie, die Androhung, die Karriere zu zerstören, indem man den Fall öffentlich macht. Oder man erscheint beim täglichen Training, was schon sehr bedrohlich wirkt nach dem Motto: Wir verlieren euch nicht aus den Augen! Beliebt ist auch das Ansprechen durch kompakte Schlägertypen: Freunde, ihr habt immer noch Wettschulden. Und so weiter.

48 Stunden vor Anpfiff. Hassan berichtet weiter: »Ivo rief seinen Boss Vedran an. Vedran kümmerte sich in erster Linie um die Wettsetzungen und war hauptsächlich dafür verantwortlich, wie viel Geld bei welchem Wettanbieter gesetzt wird und welche Quoten zu erzielen sind. Über das Ergebnis informierte mich Ivo. Ich selbst schaute auch, bei welchen Anbietern ich das Spiel wetten kann, während Ivo und Vedran ihre Kontakte aufsuchten, um die bestmöglichen Quoten herauszuholen.

Zunächst platzierte ich die Wetten ganz normal in Wettbüros. Ich setzte zunächst 50.000 Euro für die beiden involvierten Spieler und 100.000 Euro für mich über Ivo, da er weitere Kontakte für die Wettsetzungen hatte. 20.000 Euro habe ich dann noch über ein Internet-Wettkonto gesetzt und dann noch mal 1.250 Euro bei Tipico.

Um die anderen Wettplatzierungen kümmerten sich Ivo und Vedran. Die haben die Kontakte nach Asien. Da konnten sie problemlos 150.000 Euro setzen und zwar über SBO und IBC. Dann versuche ich natürlich noch über Quellen in der Türkei Wetten zu platzieren. Auch da kenne ich genug Leute, die mir private Wettquoten anbieten. Privat bedeutet: inoffiziell. Die tauchen auf keinem Wettschein auf. Übrigens bekomme ich solche Angebote auch in Deutschland. Auch da gibt es genug Typen, die eine Wette von mir privat halten. Also sie geben mir die Quoten unabhängig vom offiziellen Wettmarkt. Das Risiko dabei liegt natürlich auf der Hand. Wenn ich gewinne, muss ich mit denen immer um die Auszahlung feilschen, oder wir verrechnen das mit vorherigen Schulden, die ich bei denen habe. Ich selbst habe auch privat Wetten angeboten, und wenn die Fußballspieler bei mir wetteten, legte ich die Quoten fest. Da haben die Idioten immer noch versucht, zu feilschen.

Als die Wetten platziert waren, informierte ich die Spieler. Ich sagte denen, es läuft. Für die gab es jetzt erst recht kein Zurück mehr.«

Etwa zwei Stunden vor Anpfiff kontaktierte Hassan einen der beiden Spieler per SMS, erklärt er. Der antwortete sofort, er sitze gerade mit allen anderen im Mannschaftsbus, es wäre alles in Ordnung, er, Hassan, solle jetzt aber nicht mehr schreiben. Und ich denke beim Verhör von Hassan: Was geht eigentlich im Kopf dieses Spielers vor? Da sitzt der Typ im Mannschaftsbus auf dem Weg zum Spiel, umgeben von seinen Mitspielern, die fiebern, dass sie unter allen Umständen als Sieger vom Platz gehen wollen. Doch dieser eine Typ weiß, dass er in wenigen Minuten gegen die eigenen Kollegen spielen wird. Was geht da in seinem Kopf vor? Vermutlich gar nichts.

Die anderen sind voller mentaler Anspannung, vermutlich sogar voller Vorfreude auf das Spiel, auf die Atmosphäre im Stadion, auf die Fans. Und dieser eine Typ bekommt dann noch mal eine SMS von Hassan, der ihn daran erinnert, dass ganz viel Geld auf dem Spiel stehe, daran solle er immer denken »und es bloß nicht verkacken. Denk an deine Aufgabe! Du arbeitest für uns!« Und das heißt: gegen dein Team, gegen deine Fans, gegen deinen Trainer, gegen die, die mit dir fiebern!

Eine perverse Situation!

Anstoß im Stadion. Hassan berichtet weiter: »Ich verfolgte das Spiel in einem Wettbüro, da bekomme ich ständig die Live-Aktualisierungen. Und tatsächlich fiel das 1:0 gegen ›unseren‹ Verein. Am Ende geht das Spiel aus, wie wir es mit den beiden Fußballern abgesprochen haben. Wir hatten einen Gewinn von knapp 300.000 Euro. Die Kohle wurde aufgeteilt, jeder bekam seinen Anteil, oder es wurden damit sofort Schulden beglichen, die wir untereinander hatten.«

Der Wettpate schildert diesen Fall völlig emotionslos. Weder bei den Summen noch bei der abwertenden Art, über die Fußballspieler zu reden, verzieht er eine Miene. Es ist sein tägliches Geschäft. Damit verdient er seinen Lebensunterhalt.

Dieses hier geschilderte Beispiel war lediglich eines von über 300 von uns ermittelten manipulierten Fußballspielen. Und nach Beendigung der SOKO ging es weiter. Weitere Spiele wurden ermittelt. Im In- und Ausland. Und auch hier erfolgten weitere Festnahmen. Der beschriebene Ablauf änderte sich nur in Nuancen.

Hassan sagt aber auch, dass während dieses soeben beschriebenen Spiels Teile des kriminellen Netzwerkes europaweit unterwegs waren, um das nächste Champions-League-Spiel oder das nächste Länderspiel zu manipulieren. Bei Matchfixern im Range von Wettpaten wartet keiner auf den einen großen Wurf. Es ist vielmehr ein stetiger Fortgang von kriminellen Handlungen und Einflussnahmen auf den nationalen und internationalen Profifußball. Es gibt keine Pause von der Gier. Es geht immer weiter und weiter.

Ich will von Hassan wissen, wie er selbst überhaupt zum Matchfixing gekommen ist.

»Ich war schon sehr lange in der Glücksspielszene in ganz Deutschland tätig, kannte dort fast jeden. Würfelspiele, Automatenspiele. Auch da wurde ständig beschissen. Jeder Würfelzocker bescheißt. Die Methoden werden immer gerissener. Und wissen Sie, was das Idiotische dabei ist?«, fragt mich Hassan.

»Obwohl wir wissen, dass wir jeden Abend an Tischen sitzen, an denen beschissen wird und wir selbst ja auch ständig bescheißen, kommen wir am nächsten Abend wieder. Gewinnen konnte man nie. Selbst wenn ich an einem Abend eine Million Euro gewonnen hätte, ich wäre am nächsten Abend wieder hingegangen und hätte zwei Millionen verloren.«

Ich frage: »Können Sie mir denn sagen, was Ihr Ziel beim Spiel war? Mit einer Million Euro hätte man ja vielleicht auch mal über ein anderes Leben nachdenken können.«

»Ja, in Ihrer Welt vielleicht, aber nicht in meiner. Ich habe ständig mit denselben Typen zu tun. Ich kenne deutschlandweit, nein, europaweit etliche Typen, und die kennen mich. Und wissen Sie was? Es ist etwas Besonderes, so viele Leute zu kennen. Wenn man Probleme hat, kennt man ich auch genügend Leute, die helfen würden. Und ich hatte ständig Probleme. Außerdem kommt man da auch nicht so einfach heraus.

Würden Sie jetzt auf eine einsame Insel auswandern, wenn Sie genug Geld hätten?«, fragt mich Hassan. Er kennt meine Antwort: »Nein, natürlich nicht. Aber ich habe auch nicht jeden Tag Probleme und umgebe mich nicht jeden Abend mit Menschen, von denen ich weiß, dass sie mich betrügen und von denen man sich am besten fernhält. Deshalb hinkt Ihre Frage«, erkläre ich ihm.

Wir sprechen von Lebensträumen. Ich sage ihm, dass ich Skandinavien liebe und meinen Beruf. Ich träume davon, als Polizist mit meiner Familie in Dänemark, Schweden oder Norwegen zu leben. Man könne dort mit dem Stress anders umgehen, man gewinne an Lebensqualität hinzu. »Das wäre mein Traum. Und Ihrer?«

Ich spüre, dass Hassan bereit ist, sich zu öffnen. Er sieht sich nicht mehr in einer Vernehmung und hat Vertrauen gefasst, er redet von sich, was er wohl nur selten tut. Hassan ist unverheiratet, keine Kinder. Er kommt aus einer anderen Welt. Seine Familie ist die Szene. Er überlegt. Es ist völlig still, keine gespielte Stille. Er gibt sich wirklich Mühe, über seinen Traum nachzudenken: Schließlich sagt er: «Ich weiß es nicht … Ich weiß es wirklich nicht. Ich hatte schon so oft die Möglichkeit, zumindest finanziell, völlig auszusteigen. Ich habe es nie getan. Vielleicht müsste man mich mal für ein paar Jahre in die Wüste bringen … weg von allem. Aber ich würde es nicht schaffen, einfach so von heute auf morgen ein anderes Leben anzufangen.

Und ganz ehrlich: Vielleicht möchte ich das gar nicht. Jetzt, hier, in diesem Moment sage ich Ihnen ganz ehrlich: Sie haben recht. Ja, das hört sich schön an, was Sie gerade gesagt haben. Aber in meinem Leben gibt es keinen Platz für solche schönen Träume. Ich bin ständig auf der Suche nach mehr. Verliere ich heute 300.000 Euro, möchte ich diese Drecksäcke am liebsten … Und ein paar Tage später gewinne ich mit den Hurensöhnen 250.000 Euro. Dann sage ich mir: geht doch! Und dann möchte ich am nächsten Tag wieder dieses Gefühl bekommen. Es geht um dieses Gefühl. Ja genau, darum geht es. Um diesen Kick. Den möchte ich nicht missen.«

Vielleicht reden solche Wettpaten so unbefangen mit mir, weil ich versuche, sie zu verstehen. Weil ich versuche, selbst in dieser abgebrühten kriminellen Energie die menschliche Regung oder den menschlichen Antrieb zu erkennen und zu begreifen. Den süchtig machenden Reiz des verbotenen Spiels, die zwanghafte Gier, das enorme Überlegenheitsgefühl des multinational operierenden, kriminellen Strippenziehers.

Stadion in Oulu Im finnischen Oulu habe ich zusammen mit Oberstaatsanwalt Andreas Bachmann mehrere Vernehmungen durchgeführt, die im Nachgang zur Aufklärung einer Vielzahl von international manipulierten Fußballspielen führte.

Das führt mich zu einer besonderen Figur der internationalen Matchfixing-Szene. Für mich ist es weltweit der größte Wettpate, den ich kennengelernt habe. Es handelt sich um einen Asiaten, einen Mann aus Singapur, einem Zentrum des internationalen Wettbetrugs. Nennen wir ihn Lee. Auch hier verwende ich ein Pseudonym, weil es mir nicht um einzelne Täter geht und längst andere Figuren seinen Platz in der Organisierten Kriminalität eingenommen haben.

Lee ist mittleren Alters, in den 60er-Jahren in Singapur geboren und gleich mehrfach vorbestraft, unter anderem wegen Spielmanipulation. Er hielt sich jedoch nicht in Deutschland auf, sondern war von der finnischen Polizei bei der Einreise nach Finnland festgenommen worden. Er hatte einen Haufen Geld bei sich und saß wegen Devisenschmuggels und eines gefälschten Passes in Finnland in U-Haft. Höchstwahrscheinlich wollte er mit dem Geld Spieler oder Schiedsrichter der finnischen Liga bestechen.

Ich sollte ihn vernehmen und mal schauen, was ich aus ihm herausbekomme. *Guck mal, was er dir erzählt. Der wird sowieso nichts sagen. Aber wenn, dann wäre es ein Lottogewinn* – so oder so ähnlich lautete mein Auftrag.

Der Bochumer Oberstaatsanwalt Andreas Bachmann begleitete mich nach Finnland. Mit unseren Ermittlungen gegen das kriminelle Betrugsnetzwerk im Fußball waren wir mittlerweile bis nach Asien vorgedrungen. Und zwar bis zu den Triaden.

Lee saß in Oulu in Untersuchungshaft, einer Stadt mit rund 200.000 Einwohnern, 600 Kilometer nördlich von Helsinki.

Andreas Bachmann und ich landeten im tief verschneiten Oulu bei minus 25 Grad. Ein finnischer Kollege begrüßte uns auf Englisch, ein sehr herzlicher Empfang. Der Kollege namens Jari erzählte uns, dass in Oulu jährlich die Luftgitarren-Weltmeisterschaft ausgetragen würde. Ich frotzelte zurück, ich würde gerne mitmachen, aber leider hätte ich meine Luftgitarre zu Hause vergessen …

Schnell kamen wir auf Lee zu sprechen. Jari hatte ihn bereits in seinem eigenen Verfahren vernommen. Der Kollege beschrieb den Asiaten als sehr zurückhaltend.

Wir betreten das Gefängnis mit unseren Unterlagen. In einem Vorraum warten wir, bis Lee aus seiner Zelle geholt worden ist. Andreas Bachmann und ich schauen uns an. Obwohl solche Treffen für uns inzwischen Routine sind, ist doch die Anspannung zu spüren. Wir sollen in den nächsten Minuten einen der größten Kriminellen kennenlernen, der Fußballspiele manipuliert.

Lee wird an uns vorbei in einen separaten Raum geführt. Man erklärt uns, dass wir nun auch eintreten können. Es ist ein normales Büro, ausgestattet mit einem Schreibtisch und mehreren Stühlen, keine Akten oder sonstigen Papiere. Er sitzt hinten rechts in der Ecke. Wir gehen zu ihm, begrüßen ihn per Handschlag und stellen uns in englischer Sprache vor. Er ist klein, zierlich, sehr zurückhaltend, höflich. Wortkarg, leise, kaum Gestik.

Wir haben wenig Hintergrundwissen über seinen persönlichen Werdegang. Wir wissen nichts über seinen eigentlichen Beruf, seinen Bildungsstand, über soziale Bindungen. Dahingehend ist er für uns ein unbeschriebenes Blatt. Eine Herausforderung.

Wir führen das Gespräch in Englisch. Kein Dolmetscher, denn das würde die Emotionen herausnehmen. Ich fange an: »Wir sind deutsche Ermittler und beschäftigen uns mit Matchfixing, das ist der Oberstaatsanwalt, Herr Bachmann, und ich bin Kriminalhauptkommissar Michael Bahrs.«

Lee antwortet. Sehr ruhig, sehr höflich, sehr zurückhaltend. »Vielen Dank, dass Sie den weiten Weg für mich in Kauf genommen haben. Es ist eine Ehre für mich. Aber verstehen Sie bitte, dass ich nicht mit Ihnen sprechen möchte. Es tut mir leid. Auf Wiedersehen!«

Ich will wissen, warum, und sage: »Kein Problem. Wir respektieren Ihre Entscheidung. Aber aus welchem Grund wollen Sie nicht mit uns sprechen?« Lee erklärt: »Ich hatte vor ein paar Tagen Besuch von italienischen Ermittlern. Sie wollten auch mit mir sprechen. Ich habe mit ihnen gesprochen, bat sie allerdings darum, diese Informationen nur polizeilich zu nutzen. Es dauerte keinen Tag, da konnte man meine Aussagen im Internet lesen. Nein, es tut mir leid. Ich spreche nicht mehr. Und erst recht nicht mehr mit der Polizei. Es tut mir für Sie leid, weil Sie so einen weiten Weg hergekommen sind, aber mein Entschluss steht. Auf Wiedersehen!«

Jetzt muss schnell gehandelt werden. Wir können uns doch nicht einfach so abfertigen lassen, bei allem Respekt. Andreas Bachmann und ich schauen uns an. Ich schaue zu Lee. Er weiß, dass er uns damit trifft. Letzte Chance. Ich gehe in die Vollen. Aufgrund der Tatsache, dass man die Kriminellen täglich belauscht, verfolgt und sich mit ihnen auseinandersetzt,

Gefängnis in Oulu (Finnland)

Eingang Gefängnis von Oulu In diesem Gefängnis wurden die Vernehmungen durchgeführt. Äußerlich wirkt der Bau wie eine Jugendherberge.

lernt man sie auch kennen. Also los. »Lee, geben Sie mir fünf Minuten. Sie brauchen von nun an kein Wort mehr zu sagen. Sie können nach den fünf Minuten den Raum kommentarlos verlassen. Sie brauchen uns noch nicht einmal die Hand zu schütteln, wenn Sie gehen. Aber geben Sie mir die fünf Minuten und hören Sie mir zu. Nur Zuhören, mehr nicht. Ist das okay?«

»Alles klar. Ich höre Ihnen zu«, erklärt er. Ich nicke ihm höflich zu: »Danke.«

Ich habe geahnt, wie Lee tickt. Und ich habe gehofft, dass ich richtigliege. Meine Bitte, mir fünf Minuten zu geben, um uns zuzuhören, ist unsere einzige Chance. Ich hoffe, dass ich ihn richtig einschätze.

»Kommen Sie mal bitte zu uns herüber«, sage ich zu Lee. Ich breite eine Art Tapetenrolle auf dem Schreibtisch aus. Dieses Schriftstück nimmt den kompletten Tisch ein, in der Länge wie in der Breite. Damit sich das Teil nicht wieder zusammenrollt, fixiere ich es an beiden Seiten mit einem Locher und einem Tacker.

»Schauen Sie einfach nur mal drauf,« bitte ich Lee. »Das ist eine Zusammenfassung unserer Ermittlungen.« Dann wird es still. Mucksmäuschenstill. Lee starrt auf das Papier. Die Zeit vergeht. Fünf Minuten, zehn Minuten. Lee sagt kein Wort, wir sagen kein Wort. Er befasst sich ausschließlich mit dem Chart.

Vor unserem Flug nach Finnland hatte ich überlegt, was passieren würde, wenn Lee nicht mit uns sprechen wollte. Wie konnte man ihn zu packen bekommen? Leute wie er sind stolz auf sich und ihre Macht. Sie sind in Sphären aufgestiegen, wo sie sich selbst nicht mehr richtig kontrollieren können und ihr Ego kaum noch Grenzen kennt.

Deshalb ließ ich ein grafisches Chart anfertigen, mit den weltweiten Verzweigungen, die wir im Laufe des Verfahrens festgestellt hatten. Die Verbindungen gingen von Deutschland nach Österreich, nach Großbritannien, in die Schweiz, nach Skandinavien, nach Asien, nach Osteuropa usw. Überall, also zu jedem Land, fügte ich die entsprechenden Köpfe der handelnden Kriminellen ein. Aber in der Mitte, im Zentrum des Ganzen – da platzierte ich Lee.

Er ist der Mittelpunkt. Alles dreht sich um ihn. Ich gebe ihm eine grafische Bestätigung seiner Machtposition. Und er kann auf einen Blick erkennen, dass alles, was auf diesem detaillierten Chart zu finden ist – gefixte Fußballspiele, Kriminelle, Wettsetzungen, Vereine, Fußballspieler, Funktionäre –, absolut der Wahrheit entspricht. Da geht es nicht um verdächtige Spiele, da geht es nicht um hypothetische Verbindungen. Da geht es um Fakten. Und reale Vernetzungen. Ich zeige ihm das ganze kriminelle Netzwerk, das wir ermittelt haben. Je länger er die Verbindungen betrachtet, desto sicherer weiß ich: Jetzt haben wir ihn. Denn er ist der große Fisch in diesem Netzwerk.

Dass wir das alles wissen und auch so dargestellt haben, das hat ihn völlig überrascht, um nicht zu sagen: überrumpelt. Lee schaut zu uns auf und sagt: »Sie haben meinen höchsten Respekt. Ich bin absolut beeindruckt. So etwas habe ich noch von keinem Polizisten gesehen. Ich werde mit Ihnen sprechen. Sie können mich alles fragen, was Sie wollen.« Lee würdigt damit die Arbeit unseres Teams – der Soko Flankengott.

Andreas Bachmann und ich nicken und holen unsere Unterlagen heraus. Der Oberstaatsanwalt erklärt Lee die rechtlichen Voraussetzungen und beschreibt noch mal seine Funktion in diesem Verfahren.

Aufgrund unserer Vorarbeit sind wir nun in der Lage, ihn mit verdächtigen Spielen zu konfrontieren. Aber wir haben auch etliche Fußballspieler, die im Verdacht stehen, mit dem kriminellen Netzwerk zu arbeiten. Diese Daten so abzuarbeiten, dass wir am Ende ein rundes Bild haben, ist innerhalb der kurzen Vernehmungszeit von nur vier Tagen nicht möglich. Also sage ich zu Lee: »Wie wäre es, wenn ich jetzt alle Begegnungen, die wir in den Beweismitteln gefunden haben, ausdrucke, und Sie nehmen diese Zettel mit in Ihre Zelle und kreuzen sämtliche Spiele und Spieler an, mit denen Sie manipuliert haben?«

Lee hält das für eine gute Idee. Vor ein paar Stunden wollte er uns in die Schneelandschaft Nordfinnlands verabschieden, und nun will er sogar noch in seiner Zelle für uns arbeiten. Irre.

Wir führen die Vernehmung fort, und am Ende des Tages verlassen wir völlig erschöpft das Gefängnis von Oulu, draußen hat es gefühlte minus 30 Grad.

Das Chart bleibt in den kommenden Tagen aufgeklappt auf dem Tisch liegen. Es ist quasi hypnotisch für den weltgrößten Matchfixer. Er kann jederzeit draufschauen und sich im Mittelpunkt sehen. Damit haben wir ihn angefixt. Die Vernehmungen gehen von morgens bis zum frühen Nachmittag, die Dimensionen seiner Aussagen hat uns letztendlich selbst überrascht.

Abends versuchen wir, meist mit unserem finnischen Kollegen Jari, in einem Restaurant ein wenig abzuschalten. Aber nicht, weil wir uns (wie gefühlt alle Finnen) einen Pelz mit Wodka antrinken müssen – ich trinke prinzipiell keinen Alkohol –, sondern weil nun ein lustiges abendliches Rätselraten beginnt. Auf der Speisekarte verstehen wir kein Wort, ich bestelle irgendetwas – und bekomme Rentier

Lee hält Wort und gibt uns Einblicke in seine Welt. Er erzählt uns, wie er angefangen hat. Dass er zunächst in Asien seine eigenen Wetten platzierte, am Computer. Täglich saß er vor dem Rechner und führte sogenannte »Klicks« aus. Da werden minütlich Wetten angeklickt, das heißt platziert. Bis ihn ein einflussreicher Landsmann ansprach und ihm einen Kredit in Höhe von zwei Millionen US-Dollar garantierte, weil er, Lee, über einen »vertrauensvollen Wettzirkel« verfüge. Hinter diesem Mann verbargen sich

Stadion von Rovaniemi Treffen mit finnischen Kollegen in Rovaniemi, am Polarkreis – um gemeinsame Ermittlungsergebnisse und weitere Verfahrensabläufe zu besprechen.

liquide Unternehmen, die über weitreichende Kontakte ins Wettgeschäft verfügten. Somit war ein Fundament für das Platzieren von Wetten geschaffen, das seinesgleichen suchte. Während Wettsetzungen normalerweise limitiert sind, ergaben sich durch solche Kontakte die Möglichkeiten einer Gelddruckmaschine: Wenn man über ein manipuliertes Spiel verfügt und zudem die Wetteinsätze praktisch unbegrenzt setzen kann, dann hat man eine unbeschreibliche Geldquelle aufgetan.

Im Laufe der Vernehmungen benennt Lee uns weit über 300 manipulierte Fußballspiele, an denen er nicht nur beteiligt war, sondern die er als leitender Kopf manipuliert hat. Das waren keine unterklassigen Begegnungen, das waren WM-Qualifikationsspiele, Länderspiele, Freundschaftsspiele, Gold-Cup-Spiele, Vereinsspiele. Es waren Fußballspiele aus jedem Bereich. Lee nennt uns Schiedsrichter, Fußballspieler, Funktionäre, die allesamt involviert waren. An dieser Stelle sollte man herausstellen, dass es sich um Nationalspieler handelte, die für Lee manipulierten. Es waren international agierende Schieds- und Linienrichter. Es waren Präsidenten von Fußballverbänden, die für das Syndikat agierten.

Nach Angaben von Lee wurde auch ein WM-Qualifikationsspiel zur WM 2010 manipuliert. Nur durch diese Manipulation konnte das Team zur WM fahren. Die Spieler bekamen dafür 90.000 US-Dollar.

Lee nennt uns weitere Summen: Er beziffert die Kosten einer Manipulation und die Gewinne. Das hört sich dann folgendermaßen an: »Wie hoch war der Gewinn, den Sie mit diesem manipulierten Länderspiel erzielten?«, Lee antwortet wie aus der Pistole geschossen: »Ich glaube, bei diesem Spiel war der Gewinn nicht so hoch. 400.000 Euro. Das involvierte Team bekam 80.000 US-Dollar für die Manipulation. Gewettet wurde über China.«

Ein weiteres Detail: »Wie viel hat das Freundschaftsspiel an Gewinn eingebracht?« – »Meinen Sie das, bei denen die Schiedsrichter manipuliert waren?« – »Ja, genau das meine ich.« – »Eine Million US-Dollar. Und die Schiedsrichter bekamen zwischen 50.000 und 60.000 US-Dollar für die Manipulation.«

Lee erzählt aber auch: »Beim nächsten Länderspiel haben wir 400.000 Singapur-Dollar verloren, weil ich glaube, dass die Anweisungen an die Spieler nicht richtig umgesetzt wurden.« Das bedeutet, dass sich die Spieler untereinander nicht eins waren oder dass sie zum Beispiel durch ein anderes Syndikat besser bezahlt wurden und deshalb entgegen der eigentlichen Absprache gehandelt haben. So war es meist bei gescheiterten Manipulationen.

Dann berichtet uns auch Lee, wie simpel es ist, entsprechende Spieler zu finden, mit denen er »arbeiten« konnte, wie er es nennt. Dabei stellt sich heraus, dass es ein bestens funktionierendes internationales Netzwerk von involvierten Personen gibt. Wenn Lee also berichtet, dass er seinen Kontaktmann in Bulgarien informierte, dann wusste der natürlich, dass er sich um Schiedsrichter und Spieler kümmern musste. Und Lee wusste, wo er die Wetten platzieren musste usw.

Dazu muss ich sagen, dass seine kriminellen Machenschaften und Manipulationen schon lange stattfanden, bevor wir überhaupt mit unseren Ermittlungen begonnen haben. Unsere kriminellen Gegner hatten also auch einen zeitlichen Vorsprung und konnten (und können immer noch) die bestehenden Strukturen weiter vorantreiben und ständig verfeinern, weil wir, die Ermittler, leider einfach hoffnungslos hinterherhinken. Das muss einmal in aller Deutlichkeit gesagt werden. Aus diesem Grund ist es ein absoluter Irrglaube, wenn man sagt, mit dem Bochumer Ermittlungserfolg wurde weltweit das gesamte kriminelle Netzwerk ausgelöscht. Wir haben nur einen Bruchteil des tatsächlichen Umfangs dieser Organisierten Kriminalität ermittelt, von dem, was da draußen tatsächlich los ist.

Wir saugen jede Information auf, die uns Lee gibt. Die Beweismittel haben wir ja schon im Vorfeld ausgewertet. Durch die Bereitschaft, bei uns auszusagen, werden nun etliche manipulierte Fußballspiele verifiziert. Lee hatte versucht, sein System zu perfektionieren. Er gründete eine Sportagentur, die Fußballverbänden die Durchführung von Freundschaftsspielen der Nationalmannschaften anbot. Er kümmerte sich um die Reisen, organisierte Freundschaftsspiele, kümmerte sich um die Schiedsrichter. Dabei stellte er neben der Antrittsprämie auch zum Teil komplette Fußballausstattungen für die Teams und besondere Geschenke für die Funktionäre in Aussicht. Die hohen monetären Vergütungen, die angeboten wurden, lockten den Fisch schnell an den Haken.

Um bestimmte Spieler für eine Manipulation einzusetzen, bedurfte es aufgrund der offensichtlich langjährigen Zusammenarbeit zwischen Lee und den Sportlern lediglich einer E-Mail. Vielleicht noch eines zusätzlichen Telefonats, in dem bestimmte Dinge, wie Geldübergabe oder Zeitpunkt der Torfolge oder sonstige Details kurz besprochen werden konnten. Ansonsten waren die Rollen klar verteilt, und der Ablauf einer Manipulation war reine Routine. Deshalb schickte Lee nur eine kurze Mail an einen der Spieler, sinngemäß mit den Worten »George wird euch das Geld am Samstag übergeben, ich brauche eine Niederlage mit zwei Toren.« Als Antwort reichten die Worte des Fußballspielers: »Alles klar, Boss.«

Alles klar, Boss! Mehr nicht. Keine Überzeugungsarbeit, die Lee aufwenden musste, keine Erklärungen, warum er manipulieren möchte, kein Schamgefühl seitens des Sportlers. Einfach nur: »Alles klar, Boss«. Als würde man jemanden bitten, beim nächsten Einkauf noch zwei Tuben Senf mitzubringen.

Lee hatte leichtes Spiel. Die Nationalmannschaften fraßen ihm aus der Hand, weil er sie bezahlte und sich um alles kümmerte. Die Schiedsrichter fraßen ihm aus der Hand, weil sie für so ein Freundschaftsspiel gut entlohnt wurden – und pfiffen im Gegenzug so, wie es Lee ihnen befahl. Er konnte sicher sein, dass sich sein Aufwand bezahlt machen würde, denn er hatte sie alle auf seiner Seite.

Und ganz ehrlich: Wen interessiert schon ein Freundschaftsspiel zwischen zwei eher unbedeutenden Nationalteams? Der Wettmarkt macht um solche Spiele aber keinen Bogen, und so konnte das kriminelle Netzwerk um Lee ein Vermögen mit so einer Manipulation einstreichen.

Die Bezahlung für die Fußballspieler variierte. In einem derartigen Fall bekam der Spieler 35.000 Dollar für die Manipulation. Weil er überdies im Namen seiner internationalen Sportagentur vorstellig wurde, versuchte sich Lee sogar als Spielerberater, erzählte er mir. Dabei erwähnte er gegenüber seinen Klienten beiläufig, dass er gute Spieler bei Top-Vereinen unterbringen könne. Ein zusätzlicher Anreiz. Und wenn dann diese Spieler schon mal einige Geldbündel als Vertrauensbeweis bekamen, war es ein Leichtes, sie für die Manipulationen zu gewinnen.

Die Summen, die Lee dann auf dem asiatischen Wettmarkt platzierte, verschlugen uns die Sprache. Er nahm sowohl Kontakt zu Wettanbietern auf, die legale Wetten annahmen, als auch zu Wettanbietern auf dem illegalen Wettmarkt.

Von den über 300 Spielen, die Lee uns als manipuliert genannt hat, habe ich nicht alle persönlich kontrolliert, ich habe sie aber alle dokumentiert; später wurden diese Spiele durch die FIFA im Rahmen der Akteneinsicht sportrechtlich überprüft und die Verantwortlichen mit Sanktionen belegt. Es wurden Fußballprofis und Schiedsrichter gesperrt, Funktionäre mit Geldstrafen bedacht und teilweise lebenslang gesperrt. Strafrechtlich konnten wir als deutsche Ermittlungsbehörde zumeist nicht tätig werden.

Eines dieser manipulierten Spiele war eine Begegnung im Gold-Cup, der Kontinentalmeisterschaft für Nord- und Mittelamerika sowie der Karibik, die mit 100.000 US-Dollar bewettet wurde. Insgesamt wurden durch Lee und seine Mittäter 40 manipulierte Spiele in dieser Größenordnung bewettet, also zwischen 100.000 US-Dollar bis zu einer Million Euro. Mal waren Schiedsrichter involviert, mal Spieler, mal der Präsident eines Vereins, der Einfluss auf seine Kicker nahm. Allerdings wurden nicht alle Spiele erfolgreich mit Gewinn manipuliert.

Mehrfach wiederholt er, dass er ganze Teams – und zwar Nationalteams – unter seiner Führung hatte, die einzig und allein an einem Turnier teilnahmen, um zu manipulieren. In einem Fall sei jedes einzelne Spiel eines Teams bei einem offiziellen Turnier manipuliert gewesen. Pro Spiel habe das Team 80.000 US-Dollar bekommen.

In einem anderen Fall wurden wiederum Schiedsrichter eingesetzt, die für die obligatorischen 50.000 US-Dollar manipulierten. Für zwei manipulierte Spiele mit diesen Schiedsrichtern will Lee einen Nettogewinn von 300.000 US-Dollar pro Spiel kassiert haben.

Ich könnte durchaus die über 300 Spiele benennen, die mir von Lee als manipuliert genannt wurden. Doch genau das lenkt vom eigentlichen Fokus ab. Man würde sich an den Begegnungen abarbeiten und möglicherweise zu folgendem Schluss kommen: *Bei den Begegnungen handelt es sich zwar auch um WM-Qualifikationsspiele oder Begegnungen im Gold-Cup, aber diese Spiele fanden weit entfernt von Deutschland statt, und deshalb gibt es bei uns dieses Problem überhaupt nicht.*

Das ist aber aus meiner Sicht nicht nur sehr oberflächlich gedacht, sondern es ist schlichtweg falsch. Denn es gibt ja die Verbindungen von den deutschen Tätern zum kriminellen asiatischen Netzwerk. Bei unseren Ermittlungen haben wir herausgefunden, dass es zwischen den weltweit verbundenen kriminellen Netzwerken Verbindungen gab. Da die verschiedenen Gruppierungen in diversen unterschiedlichen Ländern aktiv waren, um Fußballspiele zu manipulieren, trafen sie zwangsläufig irgendwo aufeinander. Es kannten sich zwar nicht alle Betrüger persönlich, allerdings wusste man in diesen Kreisen, wer beziehungsweise welche kriminellen Organisationen in welchem Land aktiv waren. Auch weil dieses stark verwobene Konstrukt immer wieder nach neuen Manipulationsmöglichkeiten suchte und sucht. Aus diesem Grund wurden die Kriminellen immer wieder neuen Mitgliedern vorgestellt. Und damit gab es in diesem Netzwerk wieder neue Verflechtungen.

Lee hatte zudem Kontakt zu mindestens zwei Fußballprofis, die auch in deutschen Profiligen aktiv waren. Diese lernte er über die korrumpierte ausländische Nationalmannschaft kennen. Ob sie sich persönlich trafen, ist mir nicht bekannt. Jedoch tauschten sie Mails aus und profitierten von den Bestechungsgeldern. Inzwischen sind diese Spieler – soweit mir bekannt – nicht mehr fußballerisch aktiv.

Lees Enthüllungen weisen bei allen Beteiligten auf eine grundsätzliche Voraussetzung für diese Form der Kriminalität hin: absolute Geldgier. Bei Spielern, Verbänden, Vereinen, Verantwortlichen. Sobald diese Gier hochkommt und entsprechend gepflegt wird, ist es ein Leichtes, jegliche Moral über Bord zu werfen. In diesem Sinne erklärt er uns: »Wir hatten so viele Spieler und Schiedsrichter, ich brauchte mir zu keiner Zeit irgendwelche Sorgen zu machen, dass es morgen nicht weitergeht.«

Ich bat ihn, selbst ein Chart aufzeichnen, wie er die Strukturen der Manipulationen weltweit beurteilt. Ich möchte also eine ähnliche grafische Darstellung vorgelegt bekommen, wie ich sie Lee vorlegt habe. Lee malt mir tatsächlich so ein Chart. Sehr vereinfacht zwar, aber man kann Hierarchien erkennen. Auffällig ist, dass alle Spuren immer in Asien enden. Egal aus welchem Land sie kommen, egal welche Kontakte auch vorhanden sind, alle Spuren – sei es aus Bulgarien, der Schweiz, Ungarn oder Deutschland – enden bei Köpfen in Asien. Immer unterschiedliche. Aber die asiatischen Wettsyndikate werden von Oberhäuptern kontrolliert.

Fakt ist, dass es in Asien eine Vielzahl krimineller Organisationen wie die Triaden oder Yakuza gibt, und die sind natürlich auch auf dem kriminellen Wettmarkt tätig. Fakt ist aber auch, dass unsere Ermittlungen in Richtung Asien tatsächlich immer nur zu *einem* Oberhaupt geführt haben.

Ich frage Lee, ob es nach einer geglückten manipulierten Partie auch mal Probleme bei der Aufteilung von Gewinnen gab. Er antwortet: »Wir haben zwar einen Ehrenkodex, und grundsätzlich ist es absolut verpönt, mit der Polizei zu sprechen. Aber natürlich gab es auch mal Probleme. Es waren ja Kriminelle, die untereinander Geschäfte machten. Wer glaubt da an Seriosität? Es wurde an allen Ecken betrogen.«

Natürlich misslangen auch Manipulationen, aus den unterschiedlichsten Gründen. Mal konnten die Spieler nicht so spielen wie vereinbart, ohne dass die Manipulation aufgefallen wäre, mal ergab sich für den Schiedsrichter keine günstige Gelegenheit. Dann zählt Lee auf, dass er allein bei zwei international bekannten Wettanbietern mit ungefähr 40 manipulierten Spielen 2.400.000 Euro netto gewonnen habe.

Da stellt sich nicht nur uns Ermittlern die Frage: Was hat Lee mit den Wettgewinnen gemacht? Hat sich das alles für ihn gelohnt? Es mag durchaus sein, dass er selbst die Frage nicht präzise beantworten kann. Für uns jedenfalls wäre es unseriös, irgendwelche Zahlen zu nennen, dafür wissen wir einfach zu wenig. Wir haben ja schon Probleme, den Vermögensstand von Matchfixern in Deutschland zu taxieren, da ständig Gelder ins Ausland verschoben werden.

Lee hat mir gesagt, dass er vermutlich um die fünf bis sechs Millionen US-Dollar »verdient« hat, aber er das viele Geld beim Glücksspiel wieder verloren habe. Er bedauert nichts und meint, es sei eine Phase in seinem Leben gewesen, die ihm gefallen habe. »Ich bin um die ganze Welt gereist und hatte eine gute Zeit.«

Ich stehe bis heute mit Lee in Kontakt.

Kapitel 6

DIE FIFA

Es gab auf meiner Dienststelle viele Diskussionen darüber, ob wir mit dem Weltfußballverband FIFA in Kontakt treten sollten oder nicht. Natürlich kannte jeder von uns die negativen Berichte über die FIFA und den damit einhergehenden Ruf des Verbandes und der dort handelnden Personen. Ich bewerte solche Dinge aber immer eher vorsichtig: Ich kann mir nicht vorstellen, dass jeder einzelne Mitarbeiter der FIFA korrupt ist, denn auch nicht jeder Polizist ist ein blöder oder fauler Bulle. Allerdings weiß ich auch – schon allein durch meine Tätigkeit im Bereich der Ermittlungen der Organisierten Kriminalität – dass es dort, wo sehr viel Geld im Spiel ist, häufig auch eine exorbitant hohe Anzahl an Korruptionsfällen gibt.

Meiner Meinung nach war (und ist) es zwingend erforderlich, einen guten Austausch zu Fußballverbänden herzustellen. Also machte ich in Dienstbesprechungen oder auch in Gesprächen mit meinem Dienststellenleiter immer wieder klar, dass es mir ein großes Anliegen war, tatsächlich den persönlichen Kontakt mit dem bei der FIFA Zuständigen im Bereich Spielmanipulation beziehungsweise Wettbetrug zu suchen. Und schließlich erhielt ich dafür auch die Genehmigung.

Ein Fußballverband wie die FIFA verfolgt natürlich komplett andere Ziele als eine Ermittlungsbehörde. Mir war sehr wohl bewusst, dass es positivere Meldungen für die FIFA gibt als Ermittlungsergebnisse aus dem großen Sumpf der Spielmanipulation. Deshalb kommt es sehr darauf an, wie und auf welchem Niveau man die Kommunikation pflegt.

Ich war und bin davon überzeugt, dass wir mit Funktionären sprechen und uns austauschen müssen. Wir ermittelten inzwischen gegen ein international agierendes kriminelles Netzwerk, das sich deutscher und internationaler Fußballspieler bediente, um illegalen Geschäften nachzugehen. Somit war zumindest für mich klar, dass die FIFA uns – schon im eigenen Interesse – mit wichtigen Informationen zu Fußballspielern, Vereinen, Nationalmannschaften, Trainern, Präsidenten usw. versorgen konnte. Selbstverständlich wusste ich nicht, ob der Verband dazu auch bereit war. Aber mehr als eine Absage konnte für mich dabei ja nicht herausspringen. Aus meiner Sicht hatten wir also nichts zu verlieren, jedoch eine ganze Menge zu gewinnen.

Ich kann mich nicht mehr genau erinnern, wann ich zum ersten Mal den Hörer in meinem Bochumer Büro in die Hand nahm und telefonisch Kontakt zur FIFA aufnahm. Ich hatte weder die persönlichen Kontaktdaten noch die Durchwahl des damals zuständigen FIFA-Direktors, des Deutschen Ralf Mutschke. Es blieb nur die Homepage. Also wählte ich die Nummer der FIFA-Zentrale, stellte mich als Polizeibeamter aus Bochum vor und bat um die Weiterleitung zu Herrn Mutschke.

Ich hatte Glück und wurde zu ihm durchgestellt. Ich fackelte nicht lange, stellte mich vor und bat um einen kurzen Austausch in Sachen Matchfixing. Nach wenigen Gesprächsminuten machte sich bei mir eine Sympathie für Ralf Mutschke breit, mit der ich im Vorfeld niemals gerechnet hätte. Ich erlebte den FIFA-Direktor von der ersten Sekunde an als offenen, sehr angenehmen, im Thema stehenden Gesprächspartner. Ich hatte zu keiner Zeit das Gefühl, dass er den Sachverhalt kleinreden wollte oder dass er überrascht war, in welchem Deliktsbereich ich ermittelte. Ganz im Gegenteil – er war sich des Problems Spielmanipulation/Matchfixing mehr als bewusst. Dass Mutschke ebenfalls Polizist war, war sicherlich von Vorteil. Nach mehr als dreißigjähriger Karriere beim Bundeskriminalamt BKA, wo er unter anderem für die Bereiche Rauschgift und Organisierte Kriminalität tätig war, wurde er 1998 vom BKA für vier Jahre zur internationalen Polizeiorganisation Interpol abgeordnet. Dort hatte er zunächst die Funktion eines

Gebäude der FIFA Hier traf ich erstmals Ralf Mutschke, den damaligen Direktor der FIFA, der sich um den Bereich der Spielmanipulationen kümmerte. Heute ist er ein guter, persönlicher Freund.

stellvertretenden Direktors im Bereich allgemeiner Kriminalität, Terrorismus und Organisierte Kriminalität inne. Im Jahre 2002 wechselte er als Direktor zurück ins BKA. Zuletzt leitete er Spezialeinheiten, unter anderem die Tatort- und Verhandlungsgruppe, Zeugenschutz, Observationen sowie die Einheit für Sprengstoffdelikte. Mutschke war also ein absoluter Fachmann mit langjähriger Erfahrung, wenn es um polizeiliche Ermittlungsarbeit geht.

Aus einigen Minuten wurde ein langes, ausführliches Telefonat. Am Ende verabschiedeten wir uns mit dem Fazit, dass ein persönliches Gespräch wahrscheinlich angebracht wäre. Im Dezember 2012 setzte ich mich in den Zug von Bochum nach Zürich. Vom Hotel aus ging es mit der Straßenbahn direkt zur FIFA-Zentrale. Da lag sie nun vor mir, die Schaltzentrale des weltweiten Fußballs.

Ralf Mutschke empfing mich in der großen Eingangshalle: glänzender Boden aus Marmor, an den Wänden diverse Vitrinen, in denen sich Repliken der verschiedenen WM-Pokale der Männer und Frauen befanden. Ebenso konnte man die Fußbälle der letzten Weltmeisterschaften betrachten. Das wirkte sehr prunkvoll und ein bisschen irreal, fast wie eine Filmkulisse.

Nach einem ausführlichen Rundgang durch das FIFA-Gebäude erreichten wir sein Büro, und Ralf Mutschke begann zu erzählen, wie er überhaupt zur FIFA gekommen war. Wir hätten uns wahrscheinlich auch nicht gelangweilt, wenn wir uns nur über den Polizeidienst unterhalten hätten. Ralf

FIFA-Saal Bei einem unserer Gesprächstermine zeigte mir Ralf Mutschke auch die prunkvollen und besonders geschützten Tagungs- und Besprechungsräume der FIFA.

erklärte mir, dass er 2012 einen Anruf des damaligen Generalsekretärs von Interpol, Ronald Noble, bekommen hatte. Noble wusste aus der gemeinsamen Zeit bei Interpol, dass Ralf Mutschke eine Affinität zum Fußball hatte, und die FIFA suchte einen neuen Mitarbeiter, der sich um die Sicherheitsaspekte bei Fußball-Weltmeisterschaften kümmern sollte. »Zu dem Zeitpunkt konnte ich mir eigentlich nicht vorstellen, dass ich vom BKA weggehen könnte. Aber ich bin neugierig geworden, weil Fußball mich sehr interessiert und gleichzeitig das Problem Spielmanipulation durch die Ermittlungen in Bochum hochgekocht war. Vor allem hatte die FIFA selbst Erfahrungen mit Manipulationen während der Qualifikationsspiele zur WM 2010 machen müssen. Man hat realisiert, wie anfällig, wie ungeschützt der Fußball ist. Und dass man da etwas tun muss«, erklärte Mutschke.

Zu dieser Zeit war Sepp Blatter Präsident der FIFA. Mit Blatter und dem damaligen Generalsekretär Jérôme Valcke führte Mutschke die Gespräche. »Blatter selbst kümmerte sich nicht so im Detail. Ihm war bewusst, dass es ein Problem gab und dieses Problem sollte gelöst werden. Von irgendjemanden. Wer das letztendlich war, darum kümmerte sich Blatter nicht.« Von Blatter und Valcke ging unter dem Strich klar die Botschaft aus, dass der Verband bereit war, zu investieren und sich sehr stark zu engagieren. Es gab keine ganzheitlichen Programme der FIFA gegen Spielmanipulation. Schnell wurde Mutschke klar, dass es im Fußball de facto so ist, dass die Funktionäre Problemlöser suchten, die dann gut sind, wenn sie den Führungsfiguren den Rücken frei halten. Zum 1. Juni 2012 wurde der ehemalige BKA-Beamte neuer FIFA Direktor mit dem Aufgabenbereich »Sicherheit". Dazu gehörten die Bekämpfung von Wettbetrug und Spielmanipulation sowie alle Sicherheitsbelange rund um sämtliche Veranstaltungen und Liegenschaften der FIFA.

Das einzige Konzept, das die FIFA im Jahr 2012 gegen Manipulationen im Fußball hatte, war eine Art Sensibilisierungskampagne. Mehr stand dem neuen Direktor, der von nun an weltweit gegen Matchfixing kämpfen sollte, als Starthilfe nicht zur Verfügung. Eine Sensibilisierungskampagne. Bedeutete die Einstellung von Ralf Mutschke eine Neuausrichtung der FIFA in Sachen Matchfixing? Um es vorwegzunehmen, inzwischen ist Ralf Mutschke nicht mehr bei der FIFA. Aber uns verbindet bis heute ein fast freundschaftliches Verhältnis. Ich habe seit der Ära Mutschke keinen vergleichbaren Ansprechpartner mehr kennengelernt, weder bei der FIFA noch bei einem anderen Fußballverband. Die Zusammenarbeit mit Ralf Mutschke, so darf ich behaupten, kann man als sehr erfolgreich bezeichnen.

Für dieses Buch traf ich mich mit ihm Mitte 2019 erneut, um gemeinsam darüber zu diskutieren, ob er seine Pläne von damals in die Tat umsetzen konnte, welche Schwierigkeiten er hatte und wie er die aktuelle

Trophäen Der Eingangsbereich, die Halle des FIFA-Gebäudes, ist mit Vitrinen ausgestattet, in denen die internationalen Fuballtrophäen ausgestellt sind.

Ralf Mutschke

Situation im Bereich Matchfixing einschätzt. Und wie er das (unfreiwillige) Ende seines Engagements bei der FIFA bewertet.

Ralf Mutschke und ich gehen wieder zurück ins Jahr 2012. Der ehemalige Polizist erzählt, dass er zunächst einmal im eigenen Haus kehren musste, bevor er an die anderen Fußballverbände herantreten konnte. Welche Maßnahmen konnte er überhaupt durchsetzen? Und viel wichtiger: Wollte der organisierte Fußball überhaupt, dass derartige Probleme wirkungsvoll angegangen wurden? Er überlegte sich, was man überhaupt in die Tat umsetzen konnte, wie das Meinungsbild in der FIFA zu diesem Thema war, und wie er andere dazu bewegen konnte, sich diesem Thema zu stellen. Mutschke kontaktierte die Konföderationsmitglieder, um sich ein Bild davon zu machen, was in den einzelnen Ländern über das Thema Matchfixing bekannt war. Die nationalen Verbände, wie zum Beispiel der DFB, sind in Konföderationen zusammengeschlossen: der AFC in Asien, die CAF in Afrika, die CONCACAF in Nord-, Mittelamerika und der Karibik, die CONMEBOL in Südamerika, die UEFA in Europa und die OFC in Ozeanien.

Zur Erinnerung: Alles, was die FIFA damals hatte, war eine Art Sensibilisierungsprogramm. Schnell musste Mutschke feststellen, dass die führenden Fußballfunktionäre in den jeweiligen Konföderationen über das Problem Spielmanipulation nicht wirklich sprechen wollten. »Meine Frage lautete immer: Was machen wir konkret?«, erklärt Ralf Mutschke. »Und an dieser Frage, was machen wir konkret, ist meiner Ansicht nach der Fußball bis dahin total gescheitert.« Wenn Probleme auftauchten, gab es seiner Erfahrung nach auf Funktionärsebene vier Handlungsmuster:

1. *Man negiert das Problem und streitet nach außen seine Existenz ab: Es wird nach außen hin negiert und abgestritten: Der Fußball habe kein Problem mit Spielmanipulationen, und aus diesem Grund sehe man sich auch nicht zum Handeln gezwungen.*
2. *Sollten doch Spielmanipulationen publik werden, dann baut man darauf, dass es zwar kurzzeitig Schlagzeilen gibt, diese aber schnell wieder vergessen werden.*
3. *Oder aber man sucht sich jemanden, der als Blitzableiter fungieren kann. Eventuell wird eine Tagung einberufen, vielleicht redet man sogar mal mit einem Staatsanwalt, aber das war es dann auch schon.*
4. *Manche Konföderationen und einige Verbände arbeiten mit sogenannten Warnsystemen zusammen, die die weltweiten Wettquoten überwachen. Sollte es Auffälligkeiten geben,* dann werden diese an den zuständigen nationalen Verband oder an die betreffende Fußball-Liga weitergegeben.

»Einerseits verweist ein Verdacht der Spielmanipulation auch auf Versäumnisse im Verein oder im Verband. Andererseits geht es um die Glaubwürdigkeit des Fußballs an sich, wenn Spielmanipulationen vorkommen. Wenn sich so etwas manifestiert, dann muss der Fußball mit unmittelbaren finanziellen Einbußen rechnen. Sei es, dass die Fans nicht mehr kommen, sei es, dass Sponsoren abspringen, sei es, dass Marketingprodukte nicht verkauft werden können. Das sind unmittelbare Auswirkungen auf die Entwicklung des Fußballs und insofern ist man da durchaus skeptisch und versucht vieles unter den berühmten Teppich zu kehren«, erklärt Mutschke.

Aber warum ist das so? Wovor hat man eigentlich Angst?

Ich erlebe das bei meinen Ermittlungen ja auch immer wieder, wenn ich Kontakt zu Fußballverbänden aufnehme. Ich kann es nur nicht nachvollziehen. Natürlich habe ich Erklärungen, warum man damit nicht an die Öffentlichkeit möchte. Aber was ich nie verstehen kann, ist die Leugnung dieses Problems. Das wäre so, als würde ich mich hinstellen und sagen, wir haben kein Problem im Bereich der Einbruchskriminalität, der Drogenkriminalität, wir haben keine Probleme mit Körperverletzungsdelikten, Diebstähle gibt es auch so gut wie nicht, und eigentlich sind wir doch gut aufgestellt.

Wenn ich das täte, so glaube ich, würde man nicht den Versuch unternehmen, mit mir weiterhin ernsthaft zu reden. Man würde nur voller Unverständnis den Kopf schütteln. Ich könnte vielleicht als Grund, so zu argumentieren, anführen, die Polizei schützen zu wollen – analog zu den Sportverbänden, die offensichtlich ihren Sport als sauber verkaufen wollen oder müssen. Wenn ich mich jetzt aber hinstelle und sage, mir sind die Probleme bekannt und ich werde wirklich alles dafür tun, diese zu bekämpfen, und wenn ich diese Aussagen noch mit Inhalten fülle, dann habe ich mich nicht vor der Wahrheit verschlossen und wirke glaubhaft. Wenn ich stattdessen aber sage, im Sport gibt es so gut wie keine Manipulation, dann kann ich am Ende, so glaube ich, nur verlieren.

Ralf Mutschke trat also an, um diese Haltung zumindest aufzulockern. Wenigstens ein Bewusstsein für die Problematik zu schaffen, das war sein Plan. Denn so, wie die FIFA und die Mitgliedsverbände seiner Meinung nach aufgestellt waren, konnte es nicht weitergehen. Für Ralf Mutschke war klar, dass er gegen diese Denkweise nur vor Ort, durch den persönlichen Kontakt, ankämpfen konnte. Und nicht von Zürich aus, durch ein paar Telefonate. Beim ersten Seminar im Jahre 2012 in Südafrika erlebte er, wie umfangreich die Probleme eigentlich waren. Und dass es in vielen Ländern grundsätzliche Schwierigkeiten gab, die auch die FIFA nicht ändern konnte. Die Informationen, die er zum Beispiel in Bezug auf Kriminelle erhielt, waren sehr vielfältig.

In einem korrupten Umfeld ist es grundsätzlich schwierig für den Fußball oder einen einzelnen Fußballspieler und auch für jeden anderen Menschen, gerade und aufrecht durchs Leben zu gehen, weil es korrupte Strukturen in sämtlichen Gesellschaftsschichten gibt. Von der Polizei über die Politiker bis hin zur Verwaltung und den Krankenhäusern: Es wird bestochen, damit man Leistungen erhält. Nichts ist umsonst. Nichts geschieht aus einem ehrenhaften Antrieb heraus. Und Mutschke erklärte mir:

»Da soll ich jetzt von der FIFA hingehen und sagen: ›Du Fußballer, du bist der einzige Gerechte hier‹. Das ist nicht so einfach, wie man es am grünen Tisch gern hören würde.« Und auch bei politischen Auseinandersetzungen oder Verhandlungen gibt es genau dieses Problem. Man muss sich mit Ländern arrangieren, von denen man weiß, dass sie durchzogen sind von Korruption. »Geld regiert die Welt. Geld ist alles, es ist das A und O«, sagte mir der ehemalige Direktor der FIFA. Und ganz besonders natürlich auch im Fußball. »Und während die Politiker mit irgendwelchen Warlords an einem Tisch sitzen und verhandeln, erwartet man von der FIFA, dass sie den selben Ländern einfach mal das Geld entzieht. So funktioniert es nicht. Soll es doch die Politik erst einmal vormachen; die UN suspendieren ja auch keine Mitglieder«, echauffierte sich Mutschke.

Meine Idee war es, solche Länder mit Strafen zu sanktionieren. Denn aus meiner Sicht ist ja genau das, was Mutschke mir erklärte, ein Totschlagargument. Geld regiert nun mal die Welt. Und wenn ich einem korrupten Land die monetäre Unterstützung entziehe, wird das möglicherweise in Teilbereichen ein Umdenken stattfinden lassen, um weiterhin von dem großen Geldtopf zu partizipieren. Aus meiner Sicht wäre das die einzige Möglichkeit, wenigstens ein bisschen Einfluss zu nehmen.

Ralf Mutschke sieht das ein wenig anders: »Rein theoretisch könnte die FIFA Strafen verhängen gegen einen Verband. Natürlich könnte die FIFA auch Gelder sperren. Aber wen treffe ich denn damit? Normalerweise treffe ich damit den kompletten Verband. In einigen Ländern auf der Welt sind Gelder der FIFA fast die einzige Einnahmequelle. Dann können die Leute nicht mehr Fußball spielen. Es gibt halt kein Geld mehr. Da stellt sich die Frage: Hat die FIFA mit ihrer Sanktion die richtigen Leute bestraft?«

Ehrlich gesagt, ich weiß es nicht. Ich erkenne aber schon, dass hier Schwarz-Weiß-Denken definitiv nicht zum Ziel führen wird.

Mutschkes erster Schritt war, konkrete Ansprechpartner zu installieren. »Sodass es unabhängig vom konkreten Fall immer Verantwortliche gibt. Sodass niemand mit seinen Problemen alleingelassen wird. Aber die Botschaft war auch, dass wir keine Entschuldigungen mehr akzeptieren können. Nach dem Motto: Ich weiß ja nicht, was ich tun soll. Ich weiß nicht, was ich machen oder wer mir helfen kann.«

Die Idee war, dass man kaskadenartig von oben nach unten, von der FIFA über die Verbände, über die nationale Ebene weitere Ansprechpartner generiert, mit denen man Schulungen durchführt, um sie für das Thema Spielmanipulation zu sensibilisieren und in spezifischen Bereichen fortzubilden. Es wurden mehrere Workshops durchgeführt, es wurden Fallbeispiele erörtert, Sachverhalte durchgespielt: zum Beispiel, dass ein verdächtiger Schiedsrichter vor einem Finale ausgewechselt werden muss, weil er angeblich Geld für eine Manipulation genommen hat. Diese Schulungen wurden weltweit durchgeführt. Ein anonymes Hinweissystem wurde implementiert, sodass die FIFA direkt mit Personen, die Hilfe suchten oder Informationen weiterleiten wollten, in Kontakt treten konnte. Es dauerte zwei Jahre, bis diese konkreten Veränderungen bei der FIFA-Generalversammlung 2014 in São Paulo von allen Mitgliedern (bis auf eins) verabschiedet wurden. Dabei wurde besonderer Wert auf die aktive Infomationsbeschaffung gelegt.

Es gab regelmäßige Treffen der Konföderationen, und man tauschte sich über die Sachverhalte im eigenen Land aus. Für Mutschke bedeutete das also, zunächst innerhalb der FIFA die Regularien zu ändern, die Sensibilisierung auf allen Ebenen des Fußballs durchzuführen und am Ende darauf zu hoffen, dass man nicht allein gelassen wurde. Ralf Mutschke erklärte mir, dass dieses ganze Projekt natürlich einen Haufen Geld kostete. Doch der monetäre Aspekt spielte damals überhaupt keine Rolle. Bis 2016 stand somit das Thema Spielmanipulation bei der FIFA oben auf der Agenda, und jedes Jahr wurden die finanziellen Mittel aufgestockt.

Mutschke bewegte also etwas. Auch die Zusammenarbeit zwischen Bochum und Zürich lief glänzend. Ein konkretes Beispiel aus dem Jahr 2013: Ralf Mutschke unterrichtete mich über einen Fall, der an die FIFA herangetragen worden war: Eine Person gab sich als Spielervermittler aus und reiste verschiedenen Teams quer durch Europa hinterher. Diese Person suchte Kontakt zu Spielern und versuchte, ihr Vertrauen zu gewinnen. Und wie so oft, bei einigen Profis gelang dies. Ich hörte mir den kompletten Sachverhalt an und überlegte, was man nun tun könne. Ein immer wiederkehrendes Problem: Der Fall spielte überhaupt nicht in Deutschland. Jedoch konnte man davon ausgehen, dass zumindest Teile des kriminellen Netzwerks auch in Deutschland aktiv waren. Aufgrund meiner inzwischen wirklich guten internationalen Verbindungen konnte ich auch ausländische Ermittlungsbehörden kontaktieren. Vielleicht war die Person bereits irgendwo auffällig geworden. Ralf war sogar in der Lage, mir ein Foto dieser ominösen Person zu schicken und einen dazugehörigen Namen zu nennen. Der Name sagte niemandem von uns etwas. Es war, wie sich hinterher herausstellte, ein falscher Name.

Doch nach einigen Tagen meldete sich mein slowenischer Kollege Mitja bei mir. Er kannte die Person auf dem Foto. Volltreffer. Das war natürlich wie ein Sechser im Lotto. Durch diese Information konnte die slowenische Polizei ein eigenes Verfahren gegen diese Person einleiten. Aufgrund der Dimension, die dieses Verfahren dann annahm, führten die Ermittlungen zu einem sogenannten JIT, einem Joint Investigation Team, geführt bei Europol. Ein Zusammenschluss einer Ermittlungsgruppe von mindestens zwei EU-Mitgliedsstaaten, ausgelöst durch die Zusammenarbeit zwischen der FIFA und der Polizei in Bochum. Das ist das, was ich mir unter einer professionellen, hochmotivierten Zusammenarbeit vorstelle. Der Aufwand dafür war aus meiner Sicht eher gering. Um es auf den Punkt zu bringen: Man hat miteinander gesprochen. Und man hatte dasselbe Ziel vor Augen. Das ist wahrscheinlich das Entscheidende daran. Dasselbe Ziel. Die eine Seite – nämlich wir, die Polizei – will Ganoven überführen, die andere Seite – die FIFA, der Fußballverband – will den Sport so gut es geht sauber halten. Das hat in diesem Fall grandios funktioniert.

Unsere eigenen Ermittlungen hatten schon weit über die Landesgrenzen hinausgeführt. Und auch Ralf Mutschke erlebte mit seinem FIFA-Projekt, dass das Problem Matchfixing nicht regional begrenzt ist. Er erzählte mir, dass er beim ersten Seminar im Jahre 2012 in Südafrika erlebte, wie umfangreich dieses Problem eigentlich war. Die Informationen, die er in

Bezug auf Matchfixer erhielt, waren sehr vielfältig. Aber er selbst hatte noch kein Netzwerk von Hinweisgebern, das ihn bei seiner Arbeit unterstützte. Mutschke erklärte, dass man sich das nicht so vorstellen sollte, dass jemand an die Tür klopft und sagt, ich möchte dir etwas über Spielmanipulation erzählen. Der einzige Fundus, aus dem er zunächst schöpfen konnte, waren ein paar Vernehmungen von Leuten, die im Nachgang zur Fußball-WM 2010 befragt worden waren. Es waren damals Vorbereitungsspiele, bei denen es Hinweise auf Manipulationen gab.

Vielmehr, so sagte Ralf Mutschke, halfen ihm die Ermittlungen aus Bochum. Die FIFA beauftragte damals einen Rechtsanwalt, der die FIFA als geschädigte Instanz in dem Verfahren vertreten sollte.

Man kam natürlich ganz schnell zu dem Ergebnis, dass es Matchfixing quasi in jedem Land dieses Planeten gibt. Überall da, wo sich Kriminelle den Sport zunutze machen können, werden sie es auch tun.

Das Problem dabei war, dass die FIFA mit ihrer Ermittlungsgruppe in Zürich nicht die »Hausaufgaben« der über 200 Mitgliedsstaaten machen konnte. Man stellte schnell fest, dass man hier an seine Grenzen stieß. Und sei der Kopf dieser Ermittlungsgruppe auch noch so motiviert, das Phänomen Spielmanipulation konnte er allein nicht lösen . Allerdings, und das hat der gerade beschriebene Fall mit Slowenien gezeigt, kann man eine Menge Positives bewirken. Parallel dazu mussten die »Hausaufgaben« nach unten delegiert werden.

Und auch die von Ralf initiierten Maßnahmen innerhalb der FIFA zeigten Wirkung. Zum Beispiel meldete sich ein Trainer aus Südostasien bei Mutschke und schilderte ein Riesenproblem mit Spielmanipulation. Involviert waren einzelne Klubs, aber auch Verbandsfunktionäre. Der Coach bat die FIFA in Person von Mutschke um Hilfe. Ein anderer Fall ereignete sich in Europa: »Ein junger Profi meldete sich und erklärte uns, dass der eigene Verein möchte, dass er manipuliert. Und dass er diesem Druck nicht standhalten könne. Der Spieler wusste nicht mehr, was er machen sollte.« Einen solchen Spieler, der vertraglich an seinen Verein gebunden ist, kann man dort nicht ohne Weiteres loseisen. Wer bezahlt den Transfer? Was ist, wenn der Weggang dieses Spielers den Verein schwächt? Warum sollte der Verein sich von diesem Spieler überhaupt trennen wollen. Ralf Mutschke erklärte mir, dass es natürlich keinen universellen Ansatz dafür gibt, ein solches Problem zu lösen.

In einem europäischen Verein, so sagte mir Mutschke, war es relativ einfach, eine Lösung zu finden. Denn mit den sogenannten Integrity Officers (IO), die die UEFA eingesetzt hatte, standen kompetente, vertrauenswürdige Ansprechpartner zur Verfügung. Der junge Spieler stand auf der Schwelle zum Nationalspieler. Wenn er nun manipulieren würde, so sagte er zu Mutschke, würde er sich jegliche Chance dadurch verbauen. Diesem Spieler konnte zum Glück geholfen werden. »Das lief unter dem Radar«, erklärte Mutschke.

In einem anderen Fall wandte sich jemand aus der Karibik an Mutschke. Da ging es um sexuelle Belästigung bis hin zur Vergewaltigung. »Das sind dann natürlich ganz andere Kaliber«, erklärte Mutschke. Ähnliche Anschuldigungen gab es auch beim Frauenfußball. Auch dort gab es immer wieder mal Hinweise, dass sexuelle Übergriffe stattfanden.

Eine Zusammenarbeit der Fußballverbände mit kriminellen Hinweisgebern sollte tunlichst vermieden werden. Denn diese Typen verlangen für ihre Informationen Geld. Eine Menge Geld. Und sollte man sie einmal damit angefüttert haben, wollen sie natürlich immer mehr. Die gelieferten Informationen hören sich alle glaubhaft an, weil die Kriminellen natürlich die genauen Abläufe dieses Netzwerks kennen. Um immer neue Geschichten liefern zu können und dadurch immer mehr Geld zu generieren, denken sich die Ganoven Geschichte für Geschichte aus. Und kassieren Unsummen für scheinbar heiße Tipps. Womöglich lancieren sie auch Tipps über eine rivalisierende Bande, um sich die vom Hals zu schaffen. Oder sie machen das, um von sich selbst abzulenken.

Als die FIFA sich intensiv mit dem Thema Matchfixing beschäftigte, gab es Erfahrungsaustausch und Sitzungen mit anderen internationalen Sportverbänden. Handball, Basketball, Fußball, Eishockey bis zu Biathlon – alle Sportvertreter saßen am runden Tisch, erklärte Mutschke. »Gesagt hat in solchen Runden niemand etwas. Man konnte den Eindruck gewinnen, das Problem würde entweder nicht existieren, oder es möchte niemand darüber berichten.« So schilderte Mutschke diese Treffen.

Im Namen der FIFA berichtete Mutschke dann über die bestehenden Probleme im Bereich des Fußballs. Öffentlich, also in großer Runde, klinkte sich da niemand in die Gespräche ein. Man hörte nur zu. Aber dann, in den Pausen, kamen plötzlich andere Vertreter von den Verbänden zu ihm und berichteten von ähnlichen Problemen in ihrem jeweiligen Sport. Inoffiziell, außerhalb des Protokolls. Niemand, wenn man ihn nicht kennt, wird einem erzählen, wie groß die Probleme tatsächlich sind.

Man muss also bei den Verbänden und Konföderationen ein wenig mehr investieren als das Budget einer Werbekampagne. Man muss und kann das Problem von der Wurzel her angehen. Man kann vielleicht keinen kompletten Verband sanktionieren und von der Teilnahme an sportlichen Großereignissen ausschließen. Man kann aber jeden Verdachtsfall ernst nehmen und ein System aufbauen, das im Laufe der Zeit Möglichkeiten entwickelt, die schnelles Handeln erlauben. Die Installation eines Ansprechpartners im jeweiligen Land, so wie es Ralf Mutschke gemacht hat, ist schon mal ein guter Anfang. Darüber hinaus muss das Informationssystem so beschaffen sein, dass die Meldungen von Verdachtsfällen einfach zu handhaben sind. Ich muss den Adressaten kennen. Dieser wiederum muss sofort wissen, wie er sich in so einem Verdachtsfall zu verhalten hat. Das heißt, auch er braucht Verbindungen zu internen Quellen – beispielsweise Sportjuristen) – wie auch zu externen Quellen, wie Polizei und Staatsanwaltschaft. Zudem könnte man möglicherweise Datenbanken entwickeln, die verdächtige Spieler speichern oder sogar ganze Vereine, und im Bedarfsfall – sprich bei einem möglichen Wechsel des Spielers von Land A nach B oder vom Verein B nach C – wird der neue Arbeitgeber sofort über die Vita des Spielers informiert. Möglicherweise werden jetzt die Datenschutzrechtler aufschreien, doch ich glaube, dass es auch rechtlich saubere Möglichkeiten gibt, so eine Datenbank zu führen. So kann zum Beispiel jeder Spieler, dem ein Profivertrag in Aussicht gestellt wird, im Vorfeld über diese Regel informiert werden. Wenn er denn tatsächlich Profispieler werden möchte, muss er bereit sein, seine Daten, die im Zusammenhang mit seiner Fußballvita stehen, einsehen zu lassen und der Weitergabe zuzustimmen.

Es scheitert meiner Meinung nämlich daran, dass korrupte Fußballspieler quer durch die Länder wechseln, ohne dass der neue Verein auch nur ansatzweise davon erfährt, ob der neue Mitspieler bereits im Fokus von sportrechtlichen Ermittlungen stand oder eben nicht.

Ich selbst habe mich etliche Male gewundert, dass Fußballspieler – auch in Deutschland – von A nach B wechselten, obwohl sie unter Manipulationsverdacht standen. Wie sich im Nachhinein herausstellte, wusste der neue Verein über die Vergangenheit des Spielers nichts. Zumindest sagte man es mir so.

In einem anderen Fall war sogar ein international aktiver Schiedsrichter bereits wegen manipulativer Einflussnahme gesperrt worden. Und trotzdem durfte er Schiedsrichter ausbilden. Das ist doch absurd. Erst später wurde er dann tatsächlich lebenslang gesperrt. Ob und wenn ja wie viele Spiele er inzwischen weiterhin manipuliert hatte oder ob er sogar Einfluss auf Schiedsrichter nahm, die er ausgebildet hatte, ist spekulativ. Ich bin mir aber sicher, dass die Möglichkeit durchaus vorhanden war, weitere Manipulationen durchzuführen.

Auch ich habe im Laufe meiner Ermittlungen unterschiedliche Erfahrungen mit den Fußballverbänden gemacht. Sowohl gute als auch schlechte. Bezogen auf die FIFA kann ich jedoch sagen, dass die Zusammenarbeit zunächst brillierte, solange Ralf Mutschke dort tätig war.

Neben Aufklärungskampagnen und Ansprechpartnern haben sich in den letzten Jahrzehnten auch sogenannte Warnsysteme im Sport etabliert. Ich persönlich kenne die Unternehmen Sportradar und Genius Sports als Überwachungsinstrumente der internationalen Sportwettmärkte im Bereich Fußball. Die FIFA betrieb von 2007 bis 2017 ein eigenes Warnsystem, das sogenannte Early Warning System.

»Sportradar« / Genius Sports / EWS

Seit dem Ende der Affäre um den Schiedsrichter Rober Hoyzer im Jahre 2005 arbeitete der Deutsche Fußball-Bund (DFB) mit dem Schweizer Unternehmen Sportradar zusammen. Sportradar ist Marktführer auf dem Gebiet der Warnsysteme. Laut eigenen Angaben ist das Unternehmen insgesamt für über 100 Sportverbände (darunter FIFA und UEFA), Vereine und Ermittlungsbehörden tätig. Während das Überwachungssystem bis 2005 als Frühwarnsystem eingesetzt wurde, ist es seit 2009 zu einer Weiterentwicklung gekommen. Seitdem ist ein mehrstufiges Datenerfassungs- und Analysesystem, das unter dem Namen »Fraud Detection System« läuft.

Funktionsweise Fraud Detection System, mehrstufiges Datenerfassungs- und Analysesystem

Stufe 1: Automatisierte Erfassung und Analyse von auffälligen Wettmustern und Quotenveränderungen auf Basis von bis zu 16 Prematch- und fünf Live-Wettarten bei bis zu 300 verschiedenen Buchmachern und staatlichen Lotterien weltweit.

Stufe 2: Automatisierter Vergleich von allen Wettdaten und Quotenveränderungen im Verhältnis zu von Sportradar erstellten Modellwerten (Idealverläufe).

Stufe 3: Ein Team von erfahrenen Wettexperten analysiert alle auffälligen Wettmuster und vom System identifizierte Abweichungen. Die Wettmarktexperten von Sportradar nutzen bei ihrer manuellen Recherche ein von Sportradar entwickeltes komplexes mathematisch-statistisches System, das zu allen relevanten Wettmärkten und -mustern Vergleichswerte entwickelt und somit die Interpretation von Abweichungen ermöglicht. Unterstützt wird das System von der umfassenden (historischen) Sportdatenbank von Sportradar sowie einem Netz von Freelancern.

Stufe 4: Intelligente Verknüpfung der umfassenden Sportwettdatenbank von Sportradar (bis zu 300 Millionen Datensätze pro Tag von über 300 Wettanbietern und stattlichen Lotterien weltweit) mit der Sportdatenbank auf Basis einer von Sportradar entwickelten Scoring-Datenbank.

Stufe 5: Erstellung von umfassenden Analyseberichten zu auffälligen und/oder verdächtigen Spielen durch das Expertenteam von Sportradar.[7] 2016 sprang der Umsatz laut »Manager Magazin« um 51 Prozent auf 203 Millionen Euro. Der Gewinn vor Steuern stieg um 49 Prozent auf 61 Millionen Euro. 70 Prozent der Einnahmen sind von Wettanbietern, rechnete das Schweizer Wirtschaftsmagazin »Bilanz« aus.[8]

Im Juli 2019 wurde bekannt, dass sich der DFB von Sportradar trennt. Nach fast 15 Jahren löste Genius Sports (Hauptsitz London) Sportradar ab. Der Auftrag von Genius umfasst die Spiele der Nationalmannschaft, Frauen-Nationalmannschaft, U-21-Nationalmannschaft, der Bundesliga, 2. Bundesliga und 3. Liga sowie die Relegationsspiele zur Bundesliga und zur 2. Bundesliga. Dazu kommen die Spiele im DFB-Pokal, der A-Junioren-Bundesligen, der Regional- und Oberligen. Aber auch Testspiele der Bundesliga und 2. Bundesliga im In- und Ausland. Sportradar bleibt aber Partner der Deutschen Fußball Liga DFL. [9]

Was bringen diese Unternehmen den Sportverbänden, die eine Menge Geld in das Monitoring investieren?

Zunächst einmal möchte ich feststellen, dass alles, was mit der Erhellung von Spielmanipulation zu tun hat, definitiv ein Gewinn ist. Jedes noch so erdenkliche Mittel, das in irgendeiner Form dazu geeignet ist, den Sport sauberer zu machen, ist enorm wichtig. Und so finde ich persönlich auch die zuvor genannten Unternehmen, die sich auf die Fahne geschrieben haben, manipulierte Spiele auf dem Wettmarkt zu finden, eine gute Sache. »Es ist ein hilfreiches Medium für die Detektion von verdächtigen Spielen«, findet auch Ralf Mutschke. Allerdings sehen wir beide diese Unternehmen nicht als das Allheilmittel im Kampf gegen die Spielmanipulationen. »Es ist nicht wie der Fingerabdruck. Es gibt keine forensische Aussagekraft«, erklärt Mutschke. Da muss ich ihm zustimmen.

Wenn man sich im Internet die Profile der Unternehmen anschaut, wird damit geworben, Anbieter von Sportintegrationslösungen zu sein, auch für Strafverfolgungsbehörden. Doch was genau bieten solche Unternehmen an? Ich beziehe mich lediglich auf meine Erfahrungen.

Die Monitoringfirmen sind Vertragspartner der Sportverbände. Sollte ein Spiel als verdächtig analysiert werden, wird diese Information an den Vertragspartner weitergeleitet. Es ist nicht Aufgabe der Monitoringfirmen, zu entscheiden, ob weiter ermittelt wird oder disziplinarische Maßnahmen eingeleitet werden. Diese Entscheidung liegt bei den Sportverbänden. Und genau hieraus ergibt sich aus meiner Sicht das erste Problem. Die Strafverfolgungsbehörden sind nicht Vertragspartner der Monitoringfirmen. Zumindest nicht in Deutschland.

Sollte also aufgrund der Wettanalyse ein Fall als äußerst verdächtig eingestuft werden, passiert Folgendes: Das Unternehmen gibt diese Information an den Fußballverband weiter, der es für diese Aufgabe bezahlt. Bis zu diesem Zeitpunkt hat keine Ermittlungsbehörde Kenntnis über mögliche Straftaten. Von nun an obliegt es dem Fußballverband, ob er sich mit der Staatsanwaltschaft oder einer Polizeibehörde in Verbindung setzt. Außerdem kann der Fußballverband entscheiden, welche Information – wenn denn überhaupt – im Einzelnen an die Ermittlungsbehörde weitergeleitet wird. Kommt also der Fußballverband zu dem Entschluss, dass ein Hinweis, aus welchen Gründen auch immer, nicht weitergeleitet wird, wird den Ermittlungsbehörden die Möglichkeit genommen, in einem Strafverfahren aktiv zu werden. Dass diese Entscheidungsgewalt bei den Verbänden liegt, kritisiert Ralf Mutschke. »Die Detektion des Wettmarktes, egal von welchem Unternehmen, gibt jedem Verband ein Alibi, was eigene Ermittlungen betrifft. Nach meinen Erfahrungen wollen Funktionäre eigentlich keine Informationen dieser Unternehmen zurückhaben. Am liebsten wäre es vielen, wenn Sportradar oder andere die Fälle auch noch ausermitteln würden. Aber das können die nicht.«

Ralf Mutschke erzählte mir zu diesem Verhalten, dass die Verbände die Monitoringfirmen mit der Überwachung beauftragen, um der Öffentlichkeit zu suggerieren, wir, der Fußballverband, unternehmen alles, um dem Thema Matchfixing Herr zu werden. Sollten die Monitoringfirmen nun etwas detektieren, was ja eigentlich nicht im Interesse des Sportverbandes ist, suchen die den nächsten, an den sie das weitergeben können. Das kann der Ombudsmann sein, es kann der Staatsanwalt sein, oder es kann die Polizeibehörde sein. Mutschke erklärte weiter, »dann sagen die, okay, ich bin raus, sollen die anderen machen, was sie wollen. Das hilft natürlich keinem. Das hilft nicht der Polizei und das hilft auch nicht im Sport. Der Fußballverband müsste wenigstens gucken, was war das für ein Spiel, was war das für ein Spielverlauf, gab es aufgrund der Auffälligkeiten des Quotenverlaufs eine Komplementärsituation auf dem Spielfeld – also woraus ergibt sich beispielsweise in der 78. Minute der Elfmeter. Das wird aber nicht getan. Und selbst bei klareren Hinweisen schiebt man die Verantwortung immer auf den anderen.«

Auch diese Aussagen des ehemaligen FIFA-Mitarbeiters decken sich mit meinen eigenen, im Laufe der Jahre in meinen Ermittlungen gesammelten Erfahrungen. Ich habe unzählige Reports von Monitoringfirmen auf den Tisch bekommen, in denen mögliche verdächtige Spiele – auch aus Deutschland – aufgelistet wurden. Jedoch war in den umfangreichen Unterlagen nicht wirklich ein strafrechtlicher Anfangsverdacht zu erkennen. In solchen Fällen würde es natürlich helfen, wenn die Sportverbände im Rahmen ihrer sportrechtlichen Möglichkeiten eine gewisse Vorarbeit leisten. Zwar erklären mir die höchsten Vertreter solcher Fußballverbände unisono, dass sie keine Ermittlungsbehörde seien und aus diesem Grund natürlich auch nicht ermitteln können. Diese Aussage halte ich persönlich für einen Alibispruch. Ich lasse beim Verlassen meiner Wohnung auch nicht jedes Fenster sperrangelweit offen, öffne den Eingangsbereich und lege den Flur mit Wertgegenständen aus, um später zu sagen, dass es ja Aufgabe der Polizei sei, mein Eigentum zu schützen. Soll heißen: Wenn ich tatsächlich daran interessiert bin, mich um das Problem der Spielmanipulation zu kümmern, und für solche Fälle sogar eigens eine Sportgerichtsbarkeit habe, dann muss ich sie auch bis zur letzten Möglichkeit einsetzen, um Sachverhalte zu erhellen. Das hat mit strafrechtlichen Ermittlungen überhaupt nichts zu tun.

»Deswegen sage ich ja, der Verband steht weiter in der Pflicht, und der Verband sollte erst einmal die Situation analysieren. Wo gibt es Verdachtsmomente? Wie kann ich mehr Wissen aufbauen?«, erklärte mir Ralf Mutschke. Aber die Wirklichkeit sei immer noch eine andere: Er vergleicht das Verhalten vieler Funktionäre mit einer Omertà – dem Gesetz des Schweigens.

Ralf Mutschkes Ende bei der FIFA fällt zusammen mit dem Wechsel an der FIFA Spitze.

Gianni Infantino wurde neuer FIFA Präsident, und letztlich wurde die ganze Führung ausgetauscht. »Durch die Organisationsänderungen und den Wandel wurde das globale Konzept zur Bekämpfung nicht mehr entsprechend unterstützt. Man wollte wohl offensichtlich nicht mehr so viel investieren«, beschreibt Mutschke die Entwicklungen aus seiner Sicht. Die Sicherheit der Liegenschaften ging in die Verwaltung, die Sicherheit der WM-Spiele ging in den Spielbetrieb und die Integrität ging zurück in den Bereich der Justiz. »Was wir noch gern aufbauen wollten, war ein Informationssystem, worauf alle direkten Zugriff gehabt hätten. Das wäre relativ einfach gewesen. So hätten wir neue Hinweise und regionale Auffälligkeiten kommunizieren können, um die Verbände vorab zu informieren, was so die aktuellen Trends der Organisierten Kriminalität sind. So etwas gibt es ja im Bereich Rauschgift, wenn der Zoll sagt: Seid hier vorsichtig. So was wollten wir für Spielmanipulation machen. Aber dafür hatten wir nicht genug Zeit.«

Mit dem Ausscheiden von Ralf Mutschke bei der FIFA änderte sich die Situation aus meiner Sicht schlagartig.

Ich kann mich noch sehr gut an einem Fall erinnern, da bekam ich einen Hinweis über manipulierte Spiele aus dem Ausland. Ansprechpartner war in solchen Fällen immer die FIFA. Natürlich leitete ich ein Strafverfahren in Bochum ein und schickte den Vorgang dem Oberstaatsanwalt Andreas Bachmann. Wie so oft war Bochum für die polizeiliche Ermittlung überhaupt nicht zuständig. Das hieß für mich eigentlich Arbeitsende. Nachdem ich also ein Strafverfahren in Bochum eingeleitet hatte und es auf dem Dienstweg an die entsprechenden Stellen weitergeleitet hatte, setzte ich mich mit der FIFA in Verbindung, um weitere Hinweise zu generieren.

Da ich keinen neuen Ansprechpartner bei der FIFA hatte, wählte ich, wie vor vielen Jahren, die Nummer der Telefonzentrale. Und stellte mich wie damals als Polizeibeamter vor. Mit der Bitte, man möge mich doch mit der Abteilung »Spielmanipulation/Matchfixing« verbinden. Die Dame am anderen Ende wusste nicht, an wen sie mich weiterleiten sollte, da ihr nicht bekannt war, ob es so eine Abteilung innerhalb der FIFA gab. Ich hinterließ meine Rufnummer und bat darum, dass sich die verantwortliche Person doch bitte bei mir melden sollte. Einen Rückruf erhielt ich nicht.

Da Ralf Mutschke jedoch noch ein paar Kontakte innerhalb der FIFA hatte, konnte ich einige Tage später jemanden aus der Abteilung erreichen. Zumindest gab es also noch eine Abteilung, die sich mit Matchfixing beschäftigte. Ich schilderte wieder mein Anliegen, lobte sogar noch die bisherige Zusammenarbeit, und wollte nun erfahren, wie wir zukünftig miteinander kooperieren wollen. Man erklärte mir, dass ich vertrauliche Hinweise an ein allgemeines Funktionspostfach der FIFA schicken sollte. Ich konnte dem Telefonat schnell entnehmen, dass mein Ansprechpartner noch nicht wirklich tief in der Materie verankert war. Allerdings habe ich erwartet, dass sich das im Laufe der Zeit ändern würde. Bis heute hat sich jedoch aus meiner Sicht nichts zum Besseren gewendet.

Wie verhält es sich eigentlich mit der Zusammenarbeit zwischen der FIFA und der UEFA?

»Also die Zusammenarbeit zwischen FIFA und UEFA würde ich zu meiner Zeit als etwas nüchtern betrachten«, sagte Ralf Mutschke. »Grundsätzlich haben wir uns immer unseren gegenseitigen Respekt versichert. Dem war auch so. Allerdings, denke ich, gab es zwischen FIFA und UEFA immer ein bisschen eine Konkurrenzsituation. Und zwar in vielen Aspekten und darunter hat vielleicht auch ein bisschen unsere Integritätsinitiative gelitten. Die UEFA hatte ja im Bereich der Spielmanipulation einiges unternommen. Sie hatte das Detektionssystem mit Sportradar, sie hatte die Integrity Officers (IO) – also die für den Bereich der Spielmanipulationen zuständigen Personen – bereits in Europa etabliert; wir bei der FIFA waren noch nicht so weit. Aber wir haben dann später im Konsens mit der UEFA die IO in unser Fortbildungsprogramm aufgenommen.

Ralf Mutschke erklärte weiter, dass die Kooperation zwischen der FIFA und dem asiatischen Verband oder mit dem nordamerikanischen und karibischen Verband, also CONCACAF, intensiver war als mit der UEFA. Personell waren die FIFA und die UEFA ähnlich aufgestellt. »Also eigentlich mit relativ geringem Personaleinsatz mussten wir das Thema Spielmanipulation bewältigen. Wir hatten ja die Idee, dass wir Ansprechpartner in den Verbänden haben, die dann das, was wir als Standard festlegten, auch tatsächlich umsetzten. Wir hatten als Standard, dass wir diese entsprechenden Nationalverbände auch aus- und fortbilden. Das hat die UEFA später dann nicht mehr forciert, insofern gab es da schon einen Unterschied. Auch haben wir externe Partner mit eingebunden wie zum Beispiel Wettanbieter, Polizei, Staatsanwaltschaft. Wir haben unser Programm mehr in die Tiefe entwickelt als die UEFA. Ich fand es immer ein bisschen Alibi, was die UEFA machte. Wir waren global ausgerichtet, während die UEFA eher regional ausgerichtet ist. Bei der UEFA gab es wohl eher selten Rückläufe von den Verbänden und das war jedenfalls nicht unser Ansatz.«

Für mich als Ermittler und natürlich auch als Fußballfan ist das nur schwer zu verstehen, was Mutschke über diese Zusammenarbeit erzählte. Allerdings konnte ich es sehr gut nachvollziehen. Denn im Bereich der Ermittlungsbehörden – insbesondere bei der Zusammenarbeit mit Behörden außerhalb Deutschlands – ist es ja ähnlich. Das liegt zum Teil an den unterschiedlichen Gesetzen eines jeweiligen Landes, es liegt aber auch an der politischen Ausrichtung, sprich Priorisierung der zu verfolgenden Deliktsbereiche. Und somit gibt es genug Ansätze, die vorhandenen Schwachstellen zu beseitigen oder zumindest zu minimieren.

Ich habe ja schon mehrfach betont, dass ich auch nach wie vor Hinweise zu verschobenen Spielen erhalte. Sowohl von manipulierten Spielen in Deutschland, als auch im Ausland. Aus meiner Sicht ist somit die Bedrohungslage für den Fußball weiterhin hoch. Das hören die Verantwortlichen der Fußballverbände natürlich nicht gerne. Und es ist natürlich sehr einfach, die Meinung eines einzelnen Ermittlers – auch wenn diese Meinung mit Fakten belegt wird – herunterzuspielen.

Das führt dann dazu, dass rhetorische Fragen gestellt werden wie zum Beispiel; »Wie viele aktuelle Ermittlungsverfahren laufen denn zurzeit in den höchsten Spielklassen der Fußball-Ligen?« Oder man fragt schon fast herablassend: »Was ist denn nach der Soko Flankengott noch Großartiges passiert?«

Das kann man so machen. Die Fragen kann man stellen. Man muss aber auch mit den Antworten leben können.

Ralf Mutschke, der ja selbst leitender Mitarbeiter eines solchen großen Fußballverbandes war, sagte mir, dass er von 2012 bis 2015 durch die Welt gezogen sei, und zwar quer über den Globus, um herauszufinden, wie weit verbreitet das Phänomen Matchfixing im Fußball, aber auch in ande-

Eingangsbereich der UEFA: Hier werden Besucher und Referenten registriert.

Ähnlich wie bei der FIFA, schmücken auch die Räumlichkeiten der UEFA sämtliche Pokale, die auf europäischer Fußballebene gewonnen werden können.

ren Sportarten sei. Und er erzählte mir, dass egal in welchem Kontinent er unterwegs war, überall eine längere Liste von Spielmanipulationen vorlag. Und am Ende kam er zu dem Ergebnis, dass Spielmanipulation ein Problem sei, das global den Fußball bedroht.

In einem Artikel der britischen Zeitung »The Guardian« vom 21. Januar 2020 wird ein ehemaliger Offizieller des spanischen Fußballvereins CA Osasuna, Ángel Vizcay, mit den Worten zitiert, dass der Verein in der Saison 2013 und 2014 in der ersten spanischen Liga die Vereine Getafe und Real Betis dafür bezahlt hätte, dass sie verlieren und Osasuna den Abstieg vermeiden konnte.[10]

Ein Verein kann aber nicht verlieren, es sind einzelne Menschen – sprich: Fußballspieler, die dafür sorgen, dass die Mannschaft verliert. Jetzt könnte man vielleicht einwenden, dass man das nicht miteinander vergleichen könne – also ein Spiel gegen Bezahlung zu verlieren, damit der andere Verein möglicherweise nicht absteigt –, aber wenn die Profisportler schon dazu bereit sind, wieso sollten sie nicht auch absichtlich verlieren, wenn sie dadurch mehrere 100.000 Euro pro Spiel verdienen könnten? Und wenn einer dieser involvierten Spieler nun den Verein wechselt, welche emotionale Bindung hat er dann in seinen dort verbleibenden Spielen noch, und warum sollte er dann bei seinem neuen Verein nicht ebenfalls gegen Bezahlung absichtlich Dinge tun, die vereinsschädigend sind?

Aber selbstverständlich wird so etwas in Deutschland nicht passieren. Weil in Deutschland nur »die Guten« leben und Fußball spielen. Man muss sich das nur lange genug einreden, dann wird es am Ende zur Wahrheit.

Ralf Mutschke betonte immer wieder, dass man das Problem Matchfixing nicht hoch genug aufhängen könne. »Leute, die herumgehen und einen Spieler frank und frei ansprechen, ob er für 10.000 Dollar oder Euro ein Spiel manipulieren will, oder einen Schiedsrichter kontaktieren, damit er ein Endspiel verpfeift, dürften vielleicht Einzelfälle sein. Der Fußball wird aber von der Organisierten Kriminalität angegriffen. Die Spielmanipulation ist ein Betätigungsfeld, welches ein extrem geringes Risiko aufweist, bei einer maximalen Gewinnstufe. Insofern wird die Spielmanipulation aus meiner Sicht nicht aufhören«, erklärte der ehemalige FIFA Direktor. Er fügte hinzu: »Die Bedrohungslage ist weiterhin sehr hoch und sollte angegangen werden. Und insofern, denke ich, kommt hier auch das Übereinkommen des Europarates über die Manipulation von Sportwettbewerben zum Tragen, dass wir alle aufgefordert sind, innerhalb von Europa nationale Gremien einzurichten, um diesem Problem, nicht nur im Fußball, sondern auf der ganzen sportlichen Ebene entgegenzutreten.[11] Und aufzuhören, endlich über die Bedrohung nur zu reden, sondern dem mit einer Aktion, mit einem nationalen Aktionsplan entgegenzutreten«, so Mutschke.

Eine solche nationale Plattform wurde im Bundesministerium des Innern eingerichtet. Diese Maßnahme halte ich für das Beste, was in den letzten Jahren in Sachen Matchfixing unternommen wurde. Doch auch hierbei gebe ich eines zu bedenken: Man kann dem Kind einen Namen geben, sich regelmäßig treffen, erzählen, was alles verbessert werden muss, und am Ende des Tages geht man nach Hause, und es passiert nichts. Es kommt also stark darauf an, wie motiviert die einzelnen Mitglieder beziehungsweise Teilnehmer dieser nationalen Plattform sind. Hier bedarf es aus meiner Sicht besonderer Expertise. Es müssen Leute dabei sein, die genau wissen, wovon sie reden. Es müssen Leute anwesend sein, die sich tief in der Materie auskennen. Es bringt nichts, wenn man über theoretische Dinge philosophiert. Es müssen knallharte Fakten besprochen werden, und es muss lösungsorientiert an Schwachstellen gearbeitet werden. Man muss innerhalb dieser Plattform Aufgaben verteilen, deren Umsetzung beim nächsten Treffen kontrolliert wird. Wenn das geschieht, sehe ich optimistisch in die Zukunft.

Für Ralf Mutschke war die Kooperation mit der Polizei überwiegend eine Einbahnstraße. Kein quid pro quo, also keine Gegenleistung. Das liegt natürlich in der Natur der Sache. Die Polizei kann keine Informationen in einem laufenden Ermittlungsverfahren herausgeben.

Das Problem kann ich auch als Ermittler nachvollziehen. Wenn die Fußballverbände möglicherweise schon sanktionieren wollen, aber dadurch ein laufendes Ermittlungsverfahren der Polizei gestört oder offenbart würde, können Maßnahmen noch nicht angewandt werden. Also ist der Fußballverband darauf angewiesen, irgendwann das Okay der Ermittlungsbehörden zu bekommen, um tatsächlich auch bestrafen zu können. Natürlich im sportrechtlichen Sinne.

Allerdings darf man es sich aus meiner Sicht auch nicht so einfach machen, dass man immer zunächst auf ein strafrechtliches Urteil wartet. Denn es könnten ja schon sportrechtliche Vergehen vorliegen, obwohl strafrechtliche Tatbestände überhaupt nicht berührt sind. Und somit halte ich es für zwingend erforderlich, dass die Fußballverbände tatsächlich im Rahmen ihrer Möglichkeiten alles Erdenkliche tun, die sportrechtlichen Ermittlungen zielführend durchzuführen. Hier habe ich aber im Laufe der Jahre große Mängel bei den Fußballverbänden feststellen müssen. Es wurden bei konkreten Verdachtsfällen weder sportrechtliche Ermittlungen in den Vereinen durchgeführt, noch wurden Spieler persönlich vernommen. Man entschuldigte dieses Verhalten immer damit, dass man keine Ermittlungsbehörde sei.

Als man es in den Fußballverbänden noch anders bewertet hatte, war die Aufklärungsquote der Spielmanipulationen national und international um ein Vielfaches höher, als es jetzt der Fall ist.

Da stellt sich mir natürlich die Frage, ob man mit der jetzigen Situation zufriedener ist und absichtlich keine schlafenden Hunde wecken möchte.

Kapitel 7

DER DFB

»#spielkeinfalschesspiel« steht auf einer gemeinsamen Webseite des Deutschen Fußball-Bundes DFB und der Deutschen Fußball Liga DFL.[12] Im Anschluss wird erklärt, warum es so wichtig ist, den Sport vor dem Unheil der Organisierten Kriminalität zu schützen. Offensichtlich hat der DFB, als größter Sportverband der Welt, erkannt, dass der Fußball mittlerweile die Sportart Nummer eins ist, die gegen Spielmanipulation und Wettbetrug zu kämpfen hat.

Aus meiner Sicht ist das schon mal eine sehr gute Voraussetzung dafür, die richtigen Schritte einzuleiten, um die Gefahr des Betrugs zumindest zu minimieren.

Doch sind die Bemühungen und Maßnahmen des Verbandes wirklich ernst gemeint oder verstecken sich hinter diesen Aussagen lediglich leere Worthülsen?

Der Skandal um den Berliner Schiedsrichter Robert Hoyzer (2005) war so etwas wie die Stunde null für den deutschen Fußball, wenn es um Wettbetrug geht. Als Reaktion auf Hoyzer hat der DFB die Zusammenarbeit mit der Firma Sportradar begonnen, dem Unternehmen, das von sich selbst sagt, den gesamten relevanten weltweiten Wettmarkt zu überwachen. Seit 2010 haben DFB und DFL ihre Maßnahmen gebündelt und unter dem Projekt »Gemeinsam gegen Spielmanipulation« zusammengeführt. Dazu ge-

Auch die Räumlichkeiten des DFB in Frankfurt versetzen den Fan in Erstaunen. Mehrmals war ich in der DFB-Zentrale zwecks Informationsaustausches oder zu einem meiner Vorträge.

hören Schulungs- und Informationsprogramme, Regeln und Vorschriften, ein Ombudsmann sowie das Thema Überwachung. Das sind die vier Säulen, auf denen die Maßnahmen gegen Spiel- und Wettbetrug im deutschen Fußball aufgebaut sind.

Meinen ersten persönlichen Kontakt mit dem DFB hatte ich im Jahr 2014. Die Soko Flankengott war zu diesem Zeitpunkt noch aktiv. Unser damaliger Ansprechpartner war motiviert und kannte sich mit den Problemen sehr gut aus. Die Verbindung von der Bochumer Polizei nach Frankfurt, zur DFB-Zentrale, war ein wichtiger Bestandteil unserer Ermittlungen. Denn über den Verband konnten wir unter anderem Fußballspieler ausfindig machen, die unter Manipulationsverdacht standen. Wir konnten mit dem Verband in der Form zusammenarbeiten, dass wir Einblicke in sportrechtliche Vernehmungen bekamen und Vorgehensweisen absprachen, um unser polizeiliches Verfahren nicht zu gefährden. Gleichzeitig sensibilisierten wir den DFB für wesentliche Aspekte der Bekämpfung gegen Matchfixing.

Zusammenfassend würde ich sagen, dass es eine zielführende und gute Zusammenarbeit war. Ein Beispiel: Wir hatten Hinweise, dass Vorbereitungsspiele der bevorstehenden Winter-Trainingslager einzelner Mannschaften der Bundesliga, 2. Bundesliga und 3. Liga von einem kriminellen Netzwerk manipuliert werden könnten. Unsere Ermittlungen waren so weit fortgeschritten, dass wir vermuteten, dass bestochene Schiedsrichter auch bei Testspielen deutscher Mannschaften eingesetzt werden sollten, um diese Spiele zu manipulieren. Allerdings wussten wir nicht, bei welchen Partien konkret. Meine Idee war es, einen Schiedsrichterbeobachter vor Ort zu organisieren, der die Leistungen der Schiedsrichter beobachten und analysieren sollte. Mein DFB-Ansprechpartner und ich konnten erreichen, dass Mitarbeiter des Verbandes vor Ort anwesend waren, um mögliche Auffälligkeiten bei der Spielleitung zu identifizieren. Zum damaligen Zeitpunkt war das für den DFB ein Novum. Der DFB sagte uns seine vollständige Unterstützung bei der Ermittlungsarbeit zu, auch wenn er formal gar nicht zuständig war, denn Schiedsrichter-Ansetzungen für Testspiele im Ausland fielen in die Zuständigkeit der Verbände im jeweiligen Austragungsland. Aber durch die guten Gespräche mit meiner Kontaktperson wurden zumindest die Dinge, die wir beide thematisiert hatten, alsbald mit allen möglichen Mitteln umgesetzt. Und es entwickelte sich ein überaus vertrauensvolles Verhältnis.

Ähnlich wie die FIFA strebte auch der DFB eine feste Zusammenarbeit mit mir an. Die Vorstellung des Verbandes lautete, dass ich Schulungen für Spieler abhalten sollte. Ich habe dem DFB zu verstehen gegeben, dass ich mir ein solches Engagement vorstellen könne, wenn es ein schlüssiges Konzept gebe und das Ziel, vor allem im Jugendbereich für die Problematik der Spielmanipulation zu sensibilisieren, im Vordergrund stünde. Doch dann schwenkte der Verband um – man teilte mir mit, dass meine Expertise für »höhere Aufgaben« bestimmt sei und man anders mit mir planen würde. Ich sollte nicht mehr mit Spielern zusammenarbeiten, sondern stattdessen Sportrichter schulen. Ich bin Polizeibeamter, ich bin nicht für höhere Aufgaben beim DFB bestimmt – mir ging es darum, dem Nachwuchs zu vermitteln, wie schnell und einfach man sich mit einem kriminellen Netzwerk einlassen und am Ende nicht mehr aus diesem Teufelskreislauf herauskommen kann. Nicht mehr und nicht weniger. »Höhere Aufgaben« waren nicht das, was ich mir vorstellte, um effektiv in den Verbandsstrukturen zu arbeiten. Ich lehnte dankend ab.

Der Kontakt und die Zusammenarbeit mit dem DFB liefen weiter, doch es taten sich erste Probleme auf. Aufgrund von Strukturänderungen innerhalb des Verbandes wechselten die Ansprechpartner beim DFB mehrfach. Fähige Sachbearbeiter, die schon im Stoff standen, fielen komplett aus, sodass die Zusammenarbeit immer wieder bei null beginnen musste, denn die neuen Personen mussten sich natürlich erst einarbeiten und mit dem Thema Wettbetrug vertraut machen. Jedes neue Gegenüber hatte verständlicherweise jeweils zu Beginn unzählige Fragen oder war verunsichert in der Entscheidungsfindung, sodass erst mit einem weiteren Verantwortlichen Rücksprache gehalten werden musste. Das führte zu Verzögerungen; schnelles Handeln war oft nicht möglich, wodurch auch die Erfolgsaussichten sanken. Es stellten sich somit erste Widersprüche ein zwischen dem, was der DFB nach außen kommunizierte, und dem, wie es intern wirklich aussah. Die Personalrochaden verhinderten aus meiner Sicht eine klare Linie und größere Schlagkraft im Kampf gegen die sogenannte Wettmafia.

Das fiel nicht nur mir auf. Auch innerhalb des DFB gab es, allerdings nur hinter vorgehaltener Hand, kritische Stimmen zum schleppenden Fortgang. Meinem Gefühl nach drehten wir uns mittlerweile im Kreis. Regelmäßig wurde ich vom DFB zu Treffen eingeladen, um – zumindest sagte man es mir so – von meinen Erfahrungen zu profitieren. Diese Treffen fanden auf europäischem Niveau statt. Alle Integritätsbeauftragten der einzelnen europäischen Verbände kamen regelmäßig zusammen, um sich auszutauschen. Auch UEFA-Vertreter waren vor Ort. Es ging darum, die Problematik Matchfixing zu erörtern und Konzepte zu entwickeln. Am Ende solcher Veranstaltungen standen meistens ein paar Thesen, aber wirklich konstruktiv war das für mich nicht mehr, weil sich das bei jedem neuerlichen Treffen wiederholte. Der unterschiedliche Wissensstand der Teilnehmer verhinderte immer wieder, dass konstruktiv an den besprochenen Maßnahmen gearbeitet werden konnte. Oft war es daher so, dass ich von diesen Treffen in Frankfurt zurückfuhr und mich fragte: Was hat das Ganze jetzt gebracht?

Konferenzraum beim DFB im Rahmen eines Treffens mit den europaweiten Integrity Officer (Zuständige der Fußballverbände Matchfixing)

Meine Euphorie, die ich noch bei den ersten Treffen hatte, ließ mehr und mehr nach.

Im Laufe der Jahre bekam ich so allmählich das Gefühl, dass es dem DFB gar nicht in erster Linie um präventive Maßnahmen gegen Matchfixing ging oder um die Erhellung von manipulierten Fußballspielen, sondern darum, gegenüber der Öffentlichkeit und den Fußballfans Problembewusstsein und Aktivität zu demonstrieren. Doch in Wirklichkeit wurde aus meiner Sicht so gut wie gar nichts unternommen, um mit aller Vehemenz gegen Spielmanipulation und Wettbetrug vorzugehen. Meine Skepsis wuchs.

Wo liegen meiner Meinung nach die Schwächen des DFB-Systems? Ich möchte das an einem konkreten Beispiel aufzeigen: dem Fall des ehemaligen Bundesligaprofis Thomas Cichon. Und dabei zugleich andeuten, wie weit verbreitet Glücksspiel und »Zocken« im deutschen Profifußball sind.

Eines der medienträchtigsten Ereignisse im deutschen Fußball-Wettskandal war die Beteiligung von Bundesligaprofis des VfL Osnabrück. Der Klub stieg nach der Saison 2008/09 aus der 2. Bundesliga ab. Im Nachhinein stellte sich heraus, dass der Abstieg auch das Resultat von Manipulationen einzelner Profis war. Einer von ihnen war Thomas Cichon, ein langjähriger Bundesligaprofi. Nach seiner Ausbildung in verschiedenen Essener Vereinen kickte der Verteidiger (polnischer Abstammung) von 1995 bis 2004 für den 1. FC Köln. Cichon erlangte dabei eine Art Kult-Status und absolvierte für die Domstädter 212 Erst- und Zweitligaspiele, wobei er mit bekannten, angesehenen Trainern wie Morton Olsen, Ewald Lienen, Friedhelm Funkel und Marcel Koller arbeitete. Immerhin kam er auch auf 20 Länderspiele in der U 21-Nationalmannschaft.

Es ist ein Freitagabend im September 2019, als ich Thomas Cichon zu Hause besuche. Wir kennen uns seit dem damaligen Verfahren und halten immer noch Kontakt, mittlerweile schon seit zehn Jahren. Als ich Thomas Cichon das erste Mal dienstlich vernahm, hatte ich mir im Vorfeld gedacht, was wird mir ein ehemaliger Bundesligaprofi schon über Spielmanipulation berichten? Welche Fragen stelle ich ihm? Bis dato kannte ich es so, dass alle von mir vernommenen Fußballspieler die aktive Beteiligung am Betrug abstritten.

Thomas Cichon war da nicht anders. Und dennoch gab er intime Einblicke in die Welt eines Profis. Eines spielsüchtigen Profis: »Ich war so weit unten, selbst die Ratten sind vor mir weggerannt«. Er erzählte mir über Begegnungen mit dubiosen Gestalten, mit denen er sich spät abends in irgendwelchen Wettbüros traf. Er berichtete detailliert darüber, wie er auf dem Weg ins Stadion noch im Mannschaftsbus per Handy kontaktiert wurde, um Spielabsprachen zu bestätigen.

Thomas Cichon schilderte mir seine gesamte Karriere, von der Spitze bis in die Gosse, wie er es selbst bezeichnete. Das sagte mir jemand, dem zigtausend Fans zujubelten, dessen Trikot etliche Fans am Spieltag mit Stolz trugen und dessen Namen Zehntausende Zuschauer beim Verlesen der Mannschaftsaufstellung an jedem Wochenende gemeinschaftlich skandierten. Da trafen zwei Welten aufeinander. Auf der einen Seite ich, der Polizist, der Fußballfan. Auf der anderen Seite der Fußballprofi, der sich nun zu Verfehlungen äußern sollte.

An jenem Septemberabend bat mich Thomas zu sich in die Wohnung. Wir haben uns schon oft getroffen, um miteinander zu diskutieren oder einfach nur, um über das Leben zu philosophieren. Und jedes Mal, wenn wir über das Leben sprechen, höre ich ihm gespannt zu und kann es bis heute nicht wirklich nachvollziehen, zumindest rational nicht, wie die große, für mich unerreichbare Fußballwelt da draußen tickt.

»Die schlimme Zeit habe ich überstanden«, sagt Thomas Cichon heute. Damals wurde er vom Bochumer Landgericht zu neun Monaten Haft auf Bewährung verurteilt, wegen Beihilfe zum Betrug und versuchter Steuerhinterziehung. Er hat sich von ganz unten wieder zurück in die Mitte der Gesellschaft gekämpft. In seiner Wohnung hängen unzählige Auszeichnungen für herausragende Arbeit. In seinem neuen Job in einem Sportartikelunternehmen arbeitet er mindestens genauso ehrgeizig, wie er es früher als Fußballprofi tat. Er möchte die Zeit von damals am liebsten völlig abhaken. Und wenn er überhaupt noch einmal darüber spricht, dann nur noch, um aufzuklären. Doch das ist nicht so einfach, denn sein Name ist mit Europas größtem Fußball-Wettskandal für immer verbunden. Neben seiner juristischen Verurteilung ist das eine lebenslange Strafe ohne Bewährung.

»Es war ein schleichender Prozess. Ich habe jeden Tag gewettet. Angefangen hat das Ganze zu meiner Zeit beim 1. FC Köln. Tägliche Onlinewetten. Das hat sich immer weiter fortgeführt. Es sind immer mehr und mehr Wettplatzierungen geworden. Beim 1. FC Köln waren es etliche Mannschaftskollegen, die auch gewettet haben. Da waren genau diese Wettgemeinschaften, die es heutzutage auch noch gibt. Das ist Fakt. Für mich war das der Start gewesen. Der Start in die Hölle.«

Spielsucht ist für viele Profis der Einstieg zum Betrug. Und die Sucht ist nach meiner Erfahrung im deutschen Fußball verbreitet. Trotz weitreichender Wettverbote. Das wissen auch Trainer, Funktionäre und der DFB. Noch immer rennen etliche Fußballspieler in irgendwelche Wettbüros, um ihrem »Hobby« nachzugehen.

»Für mich gab es keine Schranke oder keinen Hinweis, der mir innerlich gesagt hat: STOPP! Ich musste immer weitermachen. Ich hatte diesen Zwang. Inzwischen hatte ich natürlich auch Geld verloren, und irgendwann musste ich auch mal wieder was zurückgewinnen. Dieses Spiel geht aber niemals auf.« Thomas Cichon stockt immer wieder bei seinen Erzählungen. Rational kann er sich das selbst nicht erklären. Damals lebte er wie in einem Tunnel.

»Die Situation hat sich bis heute nicht geändert. Ich habe nach wie vor Kontakte zu Profifußballspielern. Die rennen alle noch in die Wettbüros oder zocken online«, führt Thomas Cichon aus.

In der Saison 2005/2006 wechselte Cichon für eine Ablösesumme von einer Million Euro von Rot-Weiß Oberhausen nach Griechenland, zu Panionios Athen. In Griechenland kam er erstmalig mit Spielmanipulation in Berührung. »Als ich in Griechenland spielte, gab es mal einen Vorfall, der sehr außergewöhnlich war. Da kam vor einem Spiel der Präsident in die Kabine und hat gesagt, dass wir heute kein Tor schießen dürfen. Das war schon echt krass. So etwas hatte ich bis dahin noch nie erlebt. Meines Wissens ist der Präsident danach auch verhaftet und gesperrt worden. Im Verein hatte er aber komplett das Sagen.«[13] Thomas erklärt weiter, dass seine Mannschaftskollegen ohne weitere Nachfragen die Situation akzeptierten. Über diese Dinge wird im Profifußball geschwiegen. Davon dringt sehr selten etwas an die Öffentlichkeit. Nicht nur beim Fußball, auch in anderen Sportarten. Ich hakte natürlich nach: Hat der Trainer nichts gesagt? Haben die Spieler nichts gesagt? Die Antworten, die mir Thomas gab, waren erschütternd: »Weder der Trainer noch sonst jemand hat auch nur angedeutet, dass er sich an diese Vorgaben nicht halten wird. Es wurde kommentarlos akzeptiert.« Eine Gegenleistung gab es für die Mannschaft jedoch nicht. Nicht, dass das die Sache besser gemacht hätte, wenn ich mir vorstelle, dass mir als Profi vor dem Spiel gesagt wird, ich darf nicht gewinnen – das ist schon ein starkes Stück.

Nach dieser Station wechselte Thomas Cichon zurück nach Deutschland zum VfL Osnabrück. Nach anfänglichen Schwierigkeiten im Verein arbeitete er sich so weit in der Hierarchie nach oben, dass er schließlich Kapitän wurde.

»Ich habe schon einen ordentlichen Anteil meines Grundgehalts verzockt. Mehrmals in der Woche habe ich bis zu 3000 Euro verwettet. Irgendwann kamen zu Hause von meiner Frau die Nachfragen. Ich musste mich erklären. Was ist mit dem ganzen Geld passiert? Ich war ständig in diesem einen Wettbüro. Fast die ganze Mannschaft des VfL Osnabrück rannte damals in dieses Wettbüro. Eines Tages sprach mich der Besitzer an. Er bot mir an, Wetten nicht mehr bar bezahlen zu müssen. Ich konnte ihm die Wettsetzung per Handy schicken. Am Ende hatte sich ein Schuldenberg angehäuft, und der Typ wollte sein Geld haben. Das konnte ich ihm aber nicht zurückzahlen.«

Vielleicht hätte es eine Chance gegeben, Cichons Fußballkarriere und ihn selbst zu schützen. Doch hier kommt wieder das »System« Fußball ins Spiel: die Vereine, die Verbände und ein unverantwortliches Handeln. Um seine Schulden zu begleichen, wurde Cichon, wie er mir gesagt hat, aufgefordert zu manipulieren. Cichon berichtete der Vereinsführung von seinen Wettschulden: »Der Verein hat damals die Schulden für mich bezahlt. Die haben das Geld cash rausgerückt, mir mein Gehalt vorgestreckt. Ich erklärte der Vereinsführung, dass ich nicht der einzige Spieler des Teams bin, der in dieses Wettbüro geht. Es waren über 20 Mannschaftskollegen. Die Vereinsführung sagte mir damals, ich solle das nicht an die große Glocke hängen. Dann gaben sie mir das Geld, und ich habe meine Schulden bezahlt. Im Vorfeld wurde ich bereits erpresst. Entweder ich zahle, oder der Verein würde informiert werden. Aber das hatte ich ja jetzt selbst gemacht.«

Die Verantwortlichen des Vereins haben immer beteuert, nur von den Spielschulden bewusst zu haben, nicht aber davon, dass Thomas Cichon Spiele manipulieren sollte. Hätte man trotzdem den DFB informieren sollen? Ohne Hinweise auf Straftatbestände gab es auch keinen Grund, die Polizei einzuschalten. Leider, wie die weiteren Entwicklungen zeigen sollten.

Thomas Cichon setzte seine Geschichte fort. »Natürlich bin ich wieder in das Wettbüro gerannt. Bei demselben Typen, der mich zuvor noch erpresste, platzierte ich die nächste Wette. Ich hätte in kein anderes Wettbüro gehen können, von welchem Geld hätte ich meine Wetten bezahlen sollen? Dort konnte ich ja per Handy wetten. Oder anschreiben lassen. Und wenn du zehn Euro in der Tasche hast, bist du der Meinung, dass du daraus

220 Euro machen kannst. Ich bin immer wieder hin und spielte und spielte und hatte wieder hohe Schulden. Dieses Mal im fünfstelligen Bereich. Von meiner Steuerrückzahlung konnte ich einen Teil der Schulden tilgen. Ich musste mir aber ständig neue Geschichten ausdenken, um den Typen hinzuhalten. Denn er verlangte nach wie vor sein Geld zurück. Ich habe dem irgendwann mal erzählt, dass ich aus Polen zwei Partien hätte, die manipuliert seien. Dann habe ich ihm erzählt, dass ich ein Spiel aus der zweiten Bundesliga hätte, das sei zu 100 Prozent sicher. Ich habe also weiterhin Wetten platziert, nachdem mir der Verein das Geld vorgestreckt hatte.« Das Ende der Geschichte ist bekannt. Der Pakt mit dem Teufel endete in einer Bewährungsstrafe.

Marcel Schuon, ein Mitspieler Cichons, auch er ein gestandener Zweitligaprofi, der alle Jugend-Nationalmannschaften des DFB von der U-16 bis zur U-20 durchlaufen und sogar bei der Junioren-Fußball-WM 2005 gespielt hatte, gab seine Teilnahme an Spielmanipulationen zu und belastete auch Thomas Cichon. Es kam zum Prozess um den Fußball-Wettskandal 2009, bei dem unsere Ermittlungen auf den Tisch der 13. Strafkammer des Landgerichts Bochum kamen. Cichon wurde wegen Steuerhinterziehung, Beihilfe zum Betrug und Unterstützung einer kriminellen Vereinigung angeklagt. Schließlich gestand er im Juni 2014, als Spieler des früheren Zweitligisten VfL Osnabrück Geld von der Fußball-Wettmafia erhalten zu haben. Als Gegenleistung hatte er nicht seine »volle Leistungsbereitschaft« gezeigt. Er sei bereits 2008 von der Wettmafia angesprochen worden. Damals habe er sich aber noch geweigert, Spiele zu verschieben. Das habe sich erst geändert, als er wegen eigener Wettschulden immer mehr unter Druck gesetzt worden sei. Das Urteil: neun Monate Haft auf Bewährung wegen Beihilfe zum Betrug und wegen versuchter Steuerhinterziehung, weil er das Schmiergeld der Wettmafia nicht als Einkommen angegeben hatte.

Nachdem der Wettskandal aufgeflogen war, leitete der DFB ein sportrechtliches Verfahren gegen Thomas Cichon ein. Im Oktober 2013 sprach das DFB-Sportgericht eine zweijährige Sperre aus. Cichon wurde also vom DFB zu den Vorgängen befragt.

Wer steht jetzt in der Verantwortung? Allein die Fußballspieler, die fast täglich zocken, um ihre Sucht zu befriedigen? Kann man den Fußballvereinen oder den Fußballverbänden eine Mitverantwortung zumessen? Das lässt sich vermutlich nicht abschließend beurteilen.

Am Ende stellen sich aus meiner Sicht folgende Fragen:
Welche Ziele hat ein Fußballverband?
Welche Ziele hat ein Fußballverein?

Hat der Verein alles, was möglich gewesen wäre, unternommen, um für Aufklärung und Transparenz zu sorgen? Denn ohne maximale Transparenz muss man auch damit leben, dass der Sport einen hervorragenden Nährboden für Sucht und kriminelle Aktivitäten abgibt.

Thomas Cichon kehrte mittlerweile zu seinen sportlichen Wurzeln nach Essen zurück.Er betreut dort eine Kreisliga-Mannschaft eines Essener Vorstadtclubs. Cichon weiß, dass ihn sein »Fall« dauerhaft verfolgen wird. Er weiß aber auch, dass er gerade aufgrund seiner Erfahrungen und seines damaligen Handelns in der Lage ist, anderen seine Geschichte zu erzählen und für Aufklärung zu sorgen. Ich habe Thomas so kennengelernt, dass er sehr wohl schonungslos selbstkritisch ist. Wir diskutieren darüber, ob er wirklich die alleinige Verantwortung trägt. Und hier geht es nicht darum, einen Schuldigen zu suchen, um das eigene Gewissen beruhigen zu können. Mir, als Polizist und Fußballfan, geht es schon gleich gar nicht um Gewissensberuhigung. Und dennoch versuche ich, die Geschichte zu verstehen, um Ursachenbekämpfung betreiben zu können. Denn nur wenn man die Gründe für ein Handeln erkennt, kann man gegebenenfalls auch Gegenmaßnahmen konzipieren.

Ralf Mutschke, der ja selbst bei der FIFA Verantwortung getragen hat, bringt die Denkweise der Verbände auf den Punkt. »Spielmanipulation bedeutet auch Versäumnisse im Verband. Man versucht vieles unter den Teppich zu kehren.«

Warum sollten Leute wie Ralf Mutschke unberechtigte Kritik üben?

Nach mehr als zehn Jahren kann ich mir auf die Fahne schreiben, dass ich mit unzähligen Menschen gesprochen habe, die man als Sportexperten bezeichnen darf. Es waren Trainer, Präsidenten, professionelle Schiedsrichter, Ermittler, Staatsanwälte, Journalisten. Und auch im Rahmen meiner Ermittlungen kontaktiere ich immer wieder Mitarbeiter des DFB, um zu erörtern, welche Maßnahmen im Rahmen der sportrechtlichen Aufklärung ergriffen würden. Das Ergebnis ist doch ziemlich deutlich und enttäuschend. Bei verdächtigen Spielen, beispielsweise ab der vierten Liga, verweist der DFB auf die einzelnen Regional- und Landesverbände, die für die weiteren Ermittlungen zuständig seien. Setzt man sich mit denen in Verbindung, ist auch dort die Antwort niederschmetternd: »Was glauben Sie, sollten wir jetzt machen? Glauben Sie, dass uns die Vereine helfen würden, wenn wir die kontaktieren? Da haben die keinen Bock drauf.«

Diese Antwort habe ich von Verantwortlichen unterschiedlicher Regional- und Landesverbände erhalten. Und zwar unisono. Aufklärung sieht in meinen Augen anders aus. Zu den wiederkehrenden Veranstaltungen kamen häufig dieselben Leute zusammen. Nur der DFB schickte immer wieder andere Personen. Und wenn man dann das Problem Matchfixing erörtern wollte, stellte man ziemlich schnell fest, dass es nicht nur an Erfahrungen fehlte, sondern auch am Weitblick, um Probleme zu erkennen oder gar zu lösen.

Und auf meine Nachfragen, was denn bisher vom DFB unternommen wurde, höre ich immer wieder dieselben Antworten. Man kann sie übrigens auch auf der gemeinsamen Webseite von DFB und DFL nachlesen:[14]

- Spieler, Trainer, Funktionäre und Schiedsrichter werden auf die Gefahren hingewiesen.
- Es wurde ein umfassendes Schulungs- und Informationsprogramm entwickelt.
- Es wurde ein Ombudsmann als Ansprechpartner installiert.
- Überwachung des Spielgeschehens durch Genius Sports.

Andererseits – und das bestätigen auch andere Experten – ist es meiner Meinung nach nicht ausreichend und zielführend, was der DFB bei der Bekämpfung von Spielmanipulationen unternimmt. Es ist zwar einfach, seitens des DFB bei kritischen Nachfragen auf das – zumindest für Außenstehende – umfangreiche Präventionsprogramm hinzuweisen, allerdings sollte man auch bestrebt sein, dieses mit zielführenden Inhalten zu füllen. Natürlich stelle ich mich jetzt nicht hin und sage, wenn man den Plan X, den jeder in der Schublade haben sollte, umsetzen würde, dann wären wir die Sorge der Spielmanipulationen los. Nein, das nicht. Aber wenn ich zum Beispiel frage, wofür denn ein Ombudsmann stehe und ob man tatsächlich der Meinung sei, dass diese Maßnahme auch nur ansatzweise dazu führen würde, dass sich jetzt betroffene Spieler dort melden, bekomme ich keine genauen Antworten. Der DFB veröffentlicht die Zahl der beim Ombudsmann eingegangenen Meldungen nicht. Jedes Hilfsmittel zur Bekämpfung von Spielmanipulationen ist grundsätzlich gut. Und wenn man einen Ombudsmann installiert, schadet es ja auch nicht. Aber glaubt man denn wirklich, dass sich betroffene Spieler an einen wildfremden Menschen wenden? Warum wird es nicht verpflichtend, für jeden Verein, von mir aus ab einer gewissen Liga, einen Ombudsmann einzustellen? Eine Vertrauensperson innerhalb des Vereins – da ist die Chance der Nutzung dieses Ansprechpartners doch erfahrungsgemäß viel größer, weil schon eine persönliche Bindung da ist.

Laut Ralf Mutschke reichen die Fußballverbände gern die Aufgabe weiter und suchen jemanden, der sich um das Problem kümmert – Hauptsache nicht der Verband in eigener Zuständigkeit. So bewerte ich auch den Ombudsmann. Man kann doch nicht sagen, da gibt es jetzt jemanden, den kann man kontaktieren, und wenn sich niemand meldet, dann wird es wohl keinen Bedarf geben. Das wäre sehr blauäugig gedacht. Denn ich kann nur noch einmal betonen: Wir sprechen von Sucht und von Organisierter Kriminalität – derjenige, der sich dem Ombudsmann anvertrauen soll, durchlebt wahrscheinlich eine unbeschreibliche Situation. Er wird sich Gedanken machen, ob seine Karriere von nun an vorbei ist, wie es weitergeht, was der Verein macht, welche Strafen ihm drohen. Die Verbrecher stehen ja quasi mit gezogener Waffe hinter ihm und zeigen ihm auf, was passiert, wenn er sich nicht an Absprachen hält. Denn er hat ja schließlich auch eine Familie. Und nun liegt die Verantwortung allein bei ihm – dem Spieler.

Durch einen ständigen Austausch mit den Nachwuchsleistungszentren weiß ich, dass es dort sehr viele hochmotivierte Mitarbeiter gibt. Deren Engagement allein reicht aber nicht aus. Man muss Experten hinzuziehen, Arbeitsmaterial beschaffen, auch neben dem Platz aktiv werden. Dafür fehlt schlichtweg das Geld. Die bisherigen Schulungen, auf die der DFB gern verweist, sind aus meiner Sicht so gut wie nichts wert. Warum? Zwar werden die Vereine verpflichtet, diese Schulungen durchzuführen, aber schon bei der Terminfindung gibt es arge Probleme, weil diese Schulungen als lästiges Übel angesehen werden. Dann wird mal kurz nach einer Trainingseinheit die Truppe zusammengetrommelt, um sich 15 oder 30 Minuten »beschulen« zu lassen. Einheitlich habe ich sowohl von den Vereinen, als auch von denen, die für solche Beschulungen verantwortlich sind, gehört, dass hier ein absoluter Nachholbedarf besteht. Auch diese Beschulungen müssen die Nachwuchsleistungszentren der Vereine selbst bezahlen. Grundsätzlich sollte jeder wissen, was verboten ist und was nicht. Aber es wird bei meinen Gesprächen immer wieder deutlich, dass es einen massiven Informationsmangel gibt, und zwar bis hoch in den Profibereich. Viele Trainer oder Verantwortliche aus den Vereinen haben mir sogar erzählt, dass sie so gut wie nichts und wenn, dann auch nur beiläufig über das Thema Spielmanipulation gehört hätten.

Ich wurde mehrfach zu solchen Vorträgen eingeladen, um dem Nachwuchs zu erklären, wie einfach es ist, in die Fänge der Kriminellen zu gelangen. Nach diesen Gesprächen kommen viele Leute aus dem jeweiligen Verein zu mir und erzählen, dass sie sich im Traum nicht vorstellen konnten, dass es für die Kriminellen so einfach ist. Schon alleine diese »Smalltalks« mit Vereinsangehörigen zeigen mir, dass es von großem Interesse ist, Schulungen zur Bekämpfung der Manipulation zu bekommen. Allerdings sind es zumeist die ehrenamtlichen Helfer, die sich voller Hingabe engagieren.

Viele Spieler – zumindest die Jugendspieler – kennen überhaupt keine Vertragsinhalte, sie wissen vielleicht, was sie verdienen, aber nicht zu welchen Konditionen oder mit welchen Verpflichtungen. Ein Flyer oder ein unpersönliches Anschreiben des DFB zu Saisonbeginn ist daher sicher kein zielführendes Mittel, um die Spieler zu erreichen und zu sensibilisieren.

Kapitel 8

DER WEG NACH VORN

Es läuft die 88. Spielminute im WM-Endspiel. Das Stadion ist restlos ausverkauft. Die Fangesänge sind noch weit im Umfeld des Stadions wahrnehmbar. Über die rechte Seite wird der Ball nach vorn gespielt, das Mittelfeld des Gegners hat sich zurückfallen lassen. Es steht noch 0:0. Wahrscheinlich ist es der letzte Angriff in der regulären Spielzeit. Ein Pass in die Tiefe, und der Stürmer steht plötzlich ungedeckt im Sechzehnmeterraum. Der Ball liegt in einer idealen Schussposition. Der Torwart eilt aus seinem Kasten. Wenn der Stürmer den Ball im Tor versenkt, ist sein Team Weltmeister. Die Zuschauer springen auf.

Die Reporter an den Rundfunk- und Fernsehstationen überschlagen sich mit Kommentaren. Keine gespielte Spannung. Eine Szenerie, die die Faszination Fußball am besten beschreibt. »Die Leute gehen ins Stadion, weil sie nicht wissen, wie es ausgeht.« Das alte Sepp-Herberger-Zitat hat immer noch seine Bedeutung.

Deshalb rennen Woche für Woche die Zuschauer in die Stadien, versammeln sich in Kneipen, veranstalten zu Hause Treffen mit Gleichgesinnten.

Ohne Zweifel, dieser Sport elektrisiert die Massen.

Was nur, wenn all das am Ende des (Spiel-)Tages nur eine Illusion, ein Fake ist?

Wenn wir alle während des Spiels mitfiebern, das Team nach vorn peitschen – und am Ende gibt es da unten auf dem Spielfeld Menschen, die das alles ad absurdum führen, weil sie sich dazu bereit erklärt haben, den Sport, aus welchen Motiven auch immer, einfach zu zerstören. Wäre uns das egal?

Würden wir einfach sagen: »Das ist doch klar, dass es nicht mit rechten Dingen zugeht. Hab ich schon immer gewußt. Geht doch eh alles nur um die große Kohle.«

Natürlich geht es ums Geld. Fußballvereine sind Wirtschaftsunternehmen. Ich persönlich halte auch die Vorwürfe von den sogenannten Traditionsteams gegenüber Werksteams wie Bayer Leverkusen, VfL Wolfsburg usw. für völlig unangebracht. Jede dieser Traditionsmannschaften hat potente Sponsoren. Das ist aber ein anderes Thema. Ich frage mich, wollen wir diese Spannung, dieses Mitfiebern einfach so herschenken?

Und mir, als Polizist, stellt sich darüber hinaus auch noch die Frage, ob wir sehenden Auges Netzwerken der Organisierten Kriminalität Handlungsspielräume einräumen, nur weil wir andere Prioritäten bei der Strafverfolgung festlegen?

Ich bin damit nicht einverstanden. Ich möchte das auch nicht akzeptieren. Denn ich glaube, dass wir eine ganze Menge erreichen könnten, wenn wir uns alle vielleicht ein wenig anders strukturieren beziehungsweise die Wertigkeiten anders beurteilen würden.

Selbstverständlich habe ich keinen »Masterplan« in der Schublade, der dafür sorgen würde, dass mit seiner Umsetzung alles besser würde. Es wird immer Manipulationen und Betrug im Sport geben. Aber vielleicht helfen ja einige Ansätze, das Problem zumindest ein wenig zu reduzieren.

Dazu müsste man sich aber mit den Möglichkeiten, die bestehen, aktiv auseinandersetzen. Und das tun wir meiner Meinung nach so gut wie gar nicht.

Was machen wir denn bisher ?

2017 wurden in Deutschland die neuen Straftatbestände Sportwettbetrug (§ 265c), Manipulation von berufssportlichen Wettbewerben (§ 265d) und besonders schwere Fälle des Sportwettbetrugs und der Manipulation von berufssportlichen Wettbewerben (§ 265e Strafgesetzbuch) eingeführt.

Ich bin davon überzeugt, dass die Neuschaffung der Sportwettbetrugs-Paragrafen im Strafgesetzbuch zumindest ein wenig auf das umfangreiche Bochumer Betrugsverfahren zurückzuführen ist. Das bedeutet, die Politik hat zumindest nicht gänzlich die Augen vor den Ausmaßen dieses Kriminalitätsphänomens verschlossen. Das ist schon einmal gut.

Was bringen die neuen Paragrafen den Ermittlern?

Jede Unterstützung ist schon ein richtiger Schritt. Vorab gesagt, fehlt mir persönlich die Erfahrung mit der Anwendung des neuen Paragrafen, denn soweit ich weiß, gibt es noch kein Ermittlungsverfahren, bei dem es aufgrund der neuerlichen Gesetzeslage zu einem Urteilsspruch kam. Die Staatsanwaltschaft in Osnabrück hatte mal einen Fall angeklagt, der jedoch vom Amtsgericht nicht mitgetragen wurde, daraufhin hat das Landgericht entschieden, den § 265d StGB (Manipulation von berufssportlichen Wettbewerben) zu prüfen – dazu kam es aber meines Wissens nach nicht.

Allerdings darf ich mir trotzdem folgende Meinung bilden. Um in Deutschland bei einem Beschuldigten die Telefone zu überwachen, bedarf es einer hohen richterlichen Überprüfung des Sachverhalts. Bevor jedoch ein Richter darüber entscheidet, ob Kommunikationsmittel durch die Polizei überwacht werden, muss vorab zunächst ein Staatsanwalt den Vorgang prüfen und zu dem Ergebnis kommen, dass die gesetzlichen Bestimmungen ausreichend sind, um das polizeiliche Ermittlungswerkzeug anzuwenden. Es bedarf also einer hohen rechtlichen Würdigung, bevor der Paragraf 100 a Strafprozessordnung (Telekommunikationsüberwachung) Anwendung findet.

Der Gesetzgeber wertet diese staatliche Maßnahme als sehr hohen Grundrechtseingriff. Deshalb dürfen nur bei besonders schweren Straftaten die Telefone überwacht werden. Der Paragraf 100a StPO regelt den Begriff der besonders schweren Straftaten, denn diese sind explizit dort aufgeführt. Man spricht von sogenannten Katalogstraftaten. Der neu geschaffene § 265e (Sportwettbetrug und Manipulation von berufssportlichen Wettbewerben) fällt in diesen Katalog. Der Gesetzgeber sieht also darin eine besonders schwere Straftat.

Das halte ich persönlich für absolut richtig, und ich glaube, es erleichtert die Ermittlungen in diesem Bereich, zumindest ein wenig. Bevor es zu der Gesetzesnovelle kam, mussten sich die Ermittlungsbehörden anderer strafrechtlicher Möglichkeiten bedienen, die im Rahmen der Rechtmäßigkeit dazu führten, die Telefone der Beschuldigten abzuhören. Das war unter bestimmten Voraussetzungen im Betrugsfalle auch schon möglich, es war jedoch ungemein schwierig zu begründen. Somit ist das schon mal ein Fortschritt.

Natürlich findet man immer Kritikpunkte, und man könnte nach wie vor auch bemängeln, warum der Paragraf lediglich von berufssportlichen Wettbewerben spricht.

Das bedeutet nämlich, dass Freundschaftsspiele *nicht* darunterfallen. Wie ich aber an anderer Stelle schon berichtet habe, sind besonders Freundschaftsspiele in Trainingslagern häufig Ziel der Organisierten Kriminalität. Der Gesetzgeber begründet seine Maßnahme damit, dass man den Amateursport heraushalten wolle, um nicht wegen Absprachen um einen Kasten Bier die Akteure kriminalisieren zu müssen. Diese Vergehen sollen nur sportrechtlich gewürdigt und geahndet werden. Man möchte nicht bis in den Freizeitbereich ahnden. Ob man das gut findet, muss jeder für sich entscheiden. Immer die Keule herauszuholen, ist wahrscheinlich nicht das richtige Mittel. Die Freundschaftsspiele von Profiklubs nicht in diesen Bereich mit aufzunehmen, halte ich allerdings für absolut falsch.

Ein weiteres Manko besteht meiner Ansicht nach darin, dass auch Regionalligaspiele nicht als Berufssport gelten, doch auch dort geht es mittlerweile um viel Geld, und für viele Sportler ist die Regionalliga das Sprungbrett zu einer Profiliga.

Häufig diskutiere ich mit Interessierten, die kritisieren, dass der Gesetzgeber keine Strafverschärfung für den Fall der Instrumentalisierung von Minderjährigen aufgeführt hat. Das ist so nicht richtig. Im § 265e heißt es »… in besonders schweren Fällen …«. Es gibt benannte schwere Fälle wie etwa den, dass der Täter gewerbsmäßig handelt. Daneben gibt es aber noch unbenannte schwere Fälle. Und hierunter sind genau solche Fälle zu fassen. Wenn also festgestellt wird, dass sich die Täter Minderjähriger bedienen und diese zu ihren kriminellen Handlungen benutzen, so kann sehr wohl ein besonders schwerer Fall begründet werden. Bei der Definition von »besonders schweren Fällen« wird eine sogenannte Erheblichkeitsgrenze herangezogen. Demnach wird die Wertgrenze analog dem § 243 Absatz 2 StGB (Besonders schwerer Fall des Diebstahls) überschritten, wenn der Schaden mit 50.000 Euro oder höher beziffert wird.

Ein erheblicher Vorteil des neugeschaffenen § 265d StGB ist die Tatsache, dass es ausreicht, wenn ein berufssportlicher Wettbewerb vorliegt. Wenn sich also Sportler oder Trainer zur Manipulation verabreden, reicht diese Verabredung zur Manipulation aus. Das war vorher anders.

Damals brauchte man noch eine platzierte Wette, um einen Straftatbestand als erfüllt ansehen zu können. In der Zusammenführung von Indizien glich eine solche Ermittlung einem Lotteriegewinn: Denn man musste die platzierte Wette in einen kausalen Zusammenhang zu den handelnden Tätern bringen. Wettscheine waren und sind aber nicht personalisiert. Wettkonten sind auf Strohmänner angemeldet. Dieser Umstand machte die Ermittlungen ungeheuer schwierig. Wir haben es trotzdem geschafft, aber jetzt ist es wesentlich einfacher. Das ist der größte Vorteil aus meiner Sicht. Ansonsten wird die Zukunft zeigen, inwieweit es Lücken in den neu geschaffenen Paragrafen gibt.

Ich glaube, und das zeigen meine nunmehr 29 Jahre Diensterfahrung, wo ein Wille ist, gibt es auch einen Weg. Allerdings scheitert es oftmals am Willen. Aber das könnte man ja ändern. Ich würde gern meine Vorschläge einbringen, um aufzuzeigen, welche Maßnahmen man ergreifen könnte, um dem Problem des Matchfixings entgegenzuwirken. Diese Ideen sind nicht neu und diejenigen, die sich damit auseinandersetzen, werden erkennen, dass einiges schon seit geraumer Zeit eingefordert wird. Allerdings wurden diese Forderungen weder erhört noch als für so wichtig erachtet, dass man sich ernsthaft damit auseinandergesetzt hat. Zumindest nicht in den letzten zehn Jahren. Darüber darf ich mir eine Meinung erlauben.

Was müssen die Ermittlungsbehörden aus meiner Sicht verbessern?

Zunächst einmal sollte man das Problem auch als ein solches behandeln. Hier liegen Straftaten der Organisierten Kriminalität vor – darüber sollte und darf es keinen Zweifel geben. Das häufig von den polizeilichen Entscheidungsträgern vorgebrachte Argument, wir sind keine Ermittlungsbehörde der Sportverbände, kann ich nicht gelten lassen. Es wird oft damit argumentiert, dass es in erster Linie Aufgabe der Sportverbände sei, ihre eigenen Wettbewerbe zu kontrollieren und zu überwachen.

Das kann sich natürlich nur auf die sportrechtlichen Ermittlungen beziehen, denn Sportverbände sind nicht legitimiert, strafverfolgende Maßnahmen zu treffen. Sportrechtlich stehen die Sportverbände absolut in der Verantwortung. Aber dazu später mehr.

Der Profisport – in diesem Fall der Fußball – ist inzwischen so tief in die gesellschaftlichen Strukturen verwoben, dass es gar nicht möglich ist, quasi in eigener Zuständigkeit zu handeln. Ein Profi-Fußballverein ist einem Wirtschaftsunternehmen gleichzustellen. Es geht ja auch inzwischen nicht mehr darum, dass sich lediglich Mannschaft A mit Mannschaft B misst. Das sollte zwar am Ende des Tages das Hauptsächliche sein – aber in Wirklichkeit hängt an einem einzigen professionellen Fußballspiel ein ganzer Wirtschaftszweig. Dazu gehören direkte Einnahmen des Vereins durch den Verkauf von Eintrittskarten und von Fanartikeln. Aber auch Dritte sind in diesen Wirtschaftskreislauf involviert (und wahrscheinlich auch wirtschaftlich abhängig davon) – beispielsweise Catering-Unternehmen, Hotels, Gastronomiebetriebe, die durch die Spieltage Einnahmen generieren, TV-Sender, öffentliche Verkehrsmittel usw.

Ebenso die unzähligen Sponsoren, die hohe Summen in den Sport investieren. Somit ist aus meiner Sicht ein Rechtsgut zu schützen, das gesellschaftlich und wirtschaftlich von großer Bedeutung ist.

Die Polizei unterliegt einem gesetzlichen Strafverfolgungszwang. Somit gibt es zunächst einmal gar keine Diskussion darüber, ob man Ermittlungen anstellt oder nicht. Man ist dazu verpflichtet. Die Frage, die sich stellt, ist lediglich die, ob man sich nicht professioneller aufstellen könnte, um einen (größeren) Erfolg zu erzielen. Im Moment ist es in Deutschland so, dass so gut wie alles, was mit Fußball-Manipulation zu tun hat, nach Bochum, zu mir oder zu Oberstaatsanwalt Andreas Bachmann geschickt wird. Das liegt daran, dass man Bochum die größtmögliche Expertise im Bereich der Strafverfolgung auf diesem Gebiet zuschreibt. Das ist ein Kompliment. Allerdings mangelt es an der örtlichen Zuständigkeit. Gemäß § 7 Polizeiorganisationsgesetz (NRW) sind Polizeibehörden örtlich in den Polizeibezirken zuständig, deren zu schützenden Interessen verletzt oder gefährdet werden. Das bezieht sich auf den Geltungsbereich des Gesetzes – also für mich auf Bochum, in Ausnahmefällen auf den Bereich Nordrhein-Westfalens.

Bekomme ich jetzt also einen Hinweis zu einer Manipulation in Hamburg, habe ich zwar aufgrund meines Strafverfolgungszwangs eine Anzeige zu fertigen, die weiteren Ermittlungen übernimmt aber die Polizei in Hamburg, nachdem ich meinen neu geschaffenen Vorgang zu den Kollegen in die Hansestadt geschickt habe. So ist es formell richtig. Allerdings ist diese Vorgehensweise im Bereich der Strafverfolgung des Sportwettbetrugs zu überdenken. Auf der Seite des Bundeskriminalamtes heißt es wörtlich: *»Nach der deutschen Verfassung liegt die Polizeihoheit in Deutschland bei den Bundesländern. Doch Kriminalität macht nicht an Landesgrenzen halt und die föderale Vielfalt darf nicht zu einem Nebeneinander der Polizeibehörden führen. Das Grundgesetz sieht daher die Einrichtung einer Zentralstelle für die deutsche Polizei vor.«*[15]

Somit gibt es in Deutschland die Möglichkeit, eine Zentralstelle zu schaffen, die sich zunächst einmal originär um den Sportwettbetrug kümmern könnte. Warum macht man das nicht? Weil andere Dinge priorisiert werden. Es steht ja nirgendwo geschrieben, dass diese Zentralstelle auch örtlich im BKA angesiedelt werden muss. Man könnte ja zum Beispiel ein Expertenteam zusammenstellen, das unter der Leitung des BKA in den Heimatbehörden angesiedelt ist. Und je nachdem wie hoch das Aufkommen ist, kann man entscheiden, aus wie vielen Ermittlern diese Gruppe besteht. Gleichzeitig kann dadurch auch das Fachwissen in mehrere Behörden gesteuert werden. Im Zusammenspiel mit einer ebenfalls zu schaffenden Schwerpunktstaatsanwaltschaft würden alle Informationen zentral an einer Stelle bearbeitet werden, was für dieses Delikt absolut notwendig ist.

Warum? Weil die Kriminellen gewöhnlich überörtlich und zudem länderübergreifend agieren. Natürlich gibt es auch die örtlichen Täter, die mit dem großen Netzwerk nichts zu tun haben. Aber selbst in diesem Fall wäre der Einstieg in ein Ermittlungsverfahren viel einfacher, da der zuständige Sachbearbeiter aus dem Expertenteam sofort wüsste, wie er die Ermittlungen beginnen müsste. Aktuell scheitert es aus meiner Sicht auch daran, dass strafbares Handeln gar nicht erst erkannt wird.

Das Bundeskriminalamt könnte aus meiner Sicht die entsprechenden Voraussetzungen schaffen, wenn auch dort eine entsprechende Expertise geschaffen würde.

»Ohne Telefonüberwachung kann man eh nichts machen …«, höre ich immer wieder von unterschiedlichen Staatsanwälten aus Deutschland. Doch! Das kann man sehr wohl. Wie man das macht, werde ich aus polizeitaktischen Gründen hier natürlich nicht verraten.

Ein Journalist schrieb in einem Bericht sinngemäß: *Da sitzt einer in Bochum und verfügt über das gesamte Fachwissen und darf nichts machen.* Das sehe ich auch so. Ich könnte jetzt heucheln, ach Quatsch, das ist übertrieben. Nein, ist es nicht. Ich weiß, wie es funktioniert, ich verfüge über eine Vielzahl von Kontakten ins kriminelle Milieu. Ich bin weltweit vernetzt. Warum macht man sich das nicht zunutze?

Dazu möchte ich noch eine kleine Geschichte erzählen, die mir in dieser Form immer wieder passiert.

Es war mitten in der Nacht irgendwann 2018, als mein Handy summte und aufleuchtete. Mein Handy liegt ständig neben meinem Bett. Ich glaube, meine Frau nimmt dieses Surren gar nicht mehr wahr – zumindest sagt sie es mir nicht mehr. Ein kurzer Blick auf das Display und mir war klar, am Morgen muss ich mich wieder kümmern. Ich erhielt eine Textnachricht aus den USA. Ein guter Bekannter fragte mich, ob ich Interesse an einem Gespräch mit einem aktuellen Matchfixer hätte, der mit dem Tode bedroht würde. Mehr stand da nicht. Aus solchen Gründen kann ich mir von meinen Vorgesetzten ständig anhören: »Am liebsten würden wir ihnen das Handy wegnehmen.« Ja, das kann man machen. Aber dann erreichen mich meine Kontakte eben anders. Und genau das ist der Punkt. Warum möchte man mir das Handy abnehmen? Ja, ich weiß, damit ich nicht für solche Fälle erreichbar bin. Wenn ich jetzt meine (eigentliche) Arbeit komplett vernachlässigen würde, wenn ich mich um andere Dinge nicht mehr kümmern würde, wenn dadurch die (Dienst-)Gruppe leiden würde, alles wäre für mich verständlich. Ich würde freiwillig das Handy in den Dortmund-Ems-Kanal schmeißen. Aber nichts von dem kann man mir vorhalten. Ganz im Gegenteil. Mir ist noch nie mangelnde Motivation vorgeworfen worden, geschweige denn die Haltung, »Dienst nach Vorschrift« zu machen. Und die Arbeit in Sachen Fußballmanipulation mache ich noch nebenher – wenn ich mit den eigentlichen Ermittlungen meiner OK-Tätigkeit fertig bin. Das wiederum führt dazu, dass ich mir ständig anhören muss, ein »Burnout«-Kandidat zu sein. Und so kann man natürlich solche Dinge dazu verwenden, im Rahmen einer dienstlichen Fürsorgepflicht, mich »aus dem Rennen« zu nehmen. »Wir stecken den Bahrs erst einmal woanders hin«, diese Gedankenspiele gab es schon oft. Aber wirklich, um mich zu schützen?

Ich bin, wie ich bin. Und wenn ich jetzt begründe, dass mich vielleicht der ständige Kampf gegen Windmühlen oder das aus meiner Sicht verbesserungswürdige System Polizei viel mehr aufreibt als die eigentliche Arbeit, denn darin finde ich mich ja wieder, dann hört man mir nicht mehr zu. Das akzeptiert man nicht. Weil man sich dann mit der Sache auseinandersetzen müsste. Dann müsste man vielleicht Wahrheiten akzeptieren, die man nicht hören möchte. Man könnte mich selbst zum Hoffegen im Polizeipräsidium abordnen. Dann würde mich der Hinweisgeber aus den USA halt beim Hofputzen anrufen. Okay, nachts würde ich den Hof eher selten fegen.

Ich möchte nur sagen, man schafft es nicht, mich zu ändern. Und ich möchte mich auch nicht ändern. Aber das ist doch eine gewisse Doppelmoral: Wenn ich ein Verfahren nach vorn peitsche, soll ich so bleiben, wie ich bin. Ist das Verfahren beendet, soll ich an mir arbeiten und meine Ansprüche überdenken. Das kann von mir aus sagen und mir vorwerfen, wer will. Ich möchte nicht so sein wie andere.

Ich habe also zunächst diese Textnachricht erhalten. Tagsüber rief ich bei meinem Hinweisgeber an, um mich zum Sachverhalt zu erkundigen. Er erzählte mir, dass er Kontakt zu einem aktuellen Matchfixer aus Osteuropa hätte, der dringend auf der Suche nach einem vertrauenswürdigen Polizisten sei. Egal wo der herkäme. Der Kriminelle würde aktuell mit dem Tod bedroht werden, verfüge über etliches Beweismaterial und möchte aussteigen.

Ich informierte meine Bosse und bat darum, mit dem Kriminellen Kontakt aufnehmen zu dürfen, was mir auch erlaubt wurde. Der Fixer wollte zunächst mal nur mit mir telefonieren. Das lehnte ich ab. Ich ließ ihm ausrichten, dass ich mit ihm nur kommuniziere, wenn ich das geschriebene Wort von ihm sehe und dieses auch sichern kann. Wenn ich ihm helfen soll, muss er nach meinen Regeln spielen. Ansonsten kann er keine Unterstützung erwarten. Er war einverstanden. Tagelang hatten wir Schriftverkehr. Er sprach von der obersten Ebene der Kriminellen. Keine Ahnung, auf welcher Ebene wir inzwischen bei den Ermittlungen waren, aber der Kriminelle konnte schnell feststellen, dass ich wusste, wovon er spricht. Ich bat ihn darum, mir einige seiner Beweismittel zu schicken, um zu prüfen, ob er mir nur Mist erzählt oder ob ich es tatsächlich mit jemandem zu tun habe, der Insider ist. Diese Situationen sind spannend, und tatsächlich laufen sie ab wie in einem Krimi. Da sitzt jemand, irgendwo in der Welt, zu dem man plötzlich Kontakt bekommt, und er berichtet über hochkarätige OK-Bosse, die ihn umbringen wollen, weil er zu viel wüsste und nicht mehr mitmachen wollte. Ich hatte etliche Fragen: Warum wendet er sich nicht an die Polizei seines Landes, warum möchte er aussteigen, warum vertraut er mir und so weiter und so weiter. Der Typ hatte plausible Erklärungen, und ich dachte, das werden erneut weltweite Ermittlungen. Natürlich erkannte ich schon bei der ersten Kontaktaufnahme einige Probleme. Selbstverständlich hatte ich auch wieder Oberstaatsanwalt Andreas Bachmann an meiner Seite. Die Fragen, die auf der Hand lagen, waren: Welches Strafrecht findet Anwendung? Ist das deutsche Strafrecht berührt? Welchen Status hat der Hinweisgeber? Ist er Zeuge oder Beschuldigter? Da er selbst an Straftaten beteiligt war, kommt wohl nur die Beschuldigteneigenschaft infrage. Sind Straftaten auch in Deutschland verübt worden? Wenn ja, wird dem Kriminellen Vertraulichkeit zugesichert?

Es ist zwar spannend wie in einem Krimi, doch die Lösungen, die erforderlich sind, um einen solchen Fall zu bewerten und dementsprechend rechtmäßig zu bearbeiten, umfassen einen längeren Zeitraum als ein 90-Minuten-»Tatort« am Sonntagabend. Wir hatten hier also einen Fall, der eindeutig der Organisierten Kriminalität zuzurechnen war, der Auslandsbezug hatte und bei dem vor allem die Zuständigkeit der ermittelnden Dienststelle zu regeln war. Bochum? Nein. Das sagte man mir auch sofort. Ich sollte also nicht glauben, dass ich im Boot der Ermittlungen säße. Ich habe dann den kompletten Vorgang über die Bochumer Polizeiführung an die Staatsanwaltschaft Bochum weitergegeben. Von dort aus wurde der Sachverhalt zum Bundeskriminalamt geschickt. Seitdem habe ich nichts mehr davon gehört. Das BKA ermittelt in solchen Fällen aber nicht selbst. Keine Ahnung, wie erfolgreich oder erfolglos die Ermittlungen letztendlich waren.

Ich würde mir wünschen, dass man nicht immer sofort blockt oder die Probleme hervorhebt, die solche Sachverhalte vielleicht mit sich bringen.

»Wir können nicht den Retter für die Welt spielen«, heißt es dann immer. Warum eigentlich nicht? Wie hoch wäre denn der Preis, den man dafür zahlt? Der Aufschrei kommt spätestens dann, wenn es mal wieder richtig knallt. Das hatten wir doch auch in jüngster Vergangenheit. Natürlich werden Fehler gemacht. Immer wieder und immer auch dort, wo man viel arbeitet. Man kann nicht alles richtig machen. Man findet auch häufig gar nicht die Ideallösung. Aber wir sollten die Angriffsfläche für unsere Kritiker minimieren.

Das Landesbeamtengesetz gibt die hierarchische Struktur der Polizei vor. Wenn ich jetzt am unteren Ende dieser Kette aufheule und Kritik übe, finde ich so gut wie kein Gehör. Denn ich gehöre definitiv nicht zu den Entscheidungsträgern. Oder man tätschelt mich, gibt mir zu verstehen, dass man meine Sichtweise ja nachvollziehen könne, aber übergeordnete Gesichtpunkte hätten Vorrang. Oftmals geht man mit einem Gefühl aus solchen Gesprächen, das einem sagt: »Was mache ich hier eigentlich?«. Am Ende muss ich ja doch immer wieder feststellen, dass eine polizeiliche Führung eher nicht von der eigenen beschlossenen Entscheidung zurücktritt. Somit ist mein Aufheulen vergebene Mühe. Mein ehemaliger Chef Althans sagte mir dann immer: »Du siehst das Ganze aus der Froschperspektive«, aber wenigstens lächelte er dabei, so dass ich zumindest das Gefühl hatte, er wusste, dass ich mit meiner Meinung nicht ganz so weit von der Wahrheit entfernt war – aber ich war halt ein Frosch unter Störchen.

Trotzdem bin ich felsenfest davon überzeugt, dass nur eine zentrale Kommission das Problem in den Griff bekommen kann. Zudem müssten die Behörden Schulungen einführen, die den Sachbearbeitern die Möglichkeit geben, sich mit dem kriminellen Phänomen Matchfixing auseinanderzusetzen. Und ich weiß auch, dass es, neben dem Problem oder Phänomen Matchfixing, ganz viele weitere Probleme zu bewältigen gibt, für die es nun einmal nur begrenztes Personal gibt, das die Politik den Ermittlungsbehörden zur Verfügung stellt.

Was könnte die Politik machen?

Es wurde die sogenannte Nationale Plattform im Bundesministerium des Innern gegründet. Am 6. Juni 2019 kam es zur Gründungssitzung im Ministerium. Auf der Internetpräsenz heißt es:

»Ziel der Plattform ist es, Vertreterinnen und Vertreter aus Behörden und Sportverbänden sowie Veranstalter von Sportwettbewerben und Anbieter von Sportwetten miteinander zu vernetzen, den Informationsaustausch zu fördern, fachspezifische Expertise zu bündeln sowie Präventionsmaßnahmen zu verbreiten, um Manipulationen und Sportwettbetrug effektiver und zielgerichteter bekämpfen zu können.«[16]

Oberstaatsanwalt Andreas Bachmann aus Bochum nimmt an diesen Sitzungen teil. Persönlich stehe ich mit einem Vertreter des Bundesinnenministeriums in engem Kontakt, der ebenfalls zum Kreis der Nationalen Plattform gehört. Aus meiner Sicht ist diese Einrichtung eines der bisher besten Instrumente im Kampf gegen Spielmanipulation. Ich erhoffe mir davon pragmatische Lösungsansätze und einen Informationsaustausch, der dafür sorgt, dass die Probleme erkannt und erörtert werden. Es ist wichtig, dass es eine Verbindung zur Politik gibt. Außerdem würde ich mir wünschen, dass Entscheidungen nicht eine Ewigkeit brauchen, bis sie getroffen, respektive umgesetzt werden.

Voraussetzung einer funktionierenden Nationalen Plattform ist allerdings eine breitgestreute Expertise. Ich sehe diese Einrichtung wirklich sehr positiv und blicke voller Hoffnung nach vorn. Allerdings sage ich auch ganz klar – und da spreche ich aus Erfahrung –, sie darf keine Alibifunktion haben. Es macht keinen Sinn, wenn man sich halbjährlich oder in welchem Turnus auch immer trifft, um ein bisschen zu plaudern und dann wieder auseinanderzugehen.

Oftmals ist es jedoch bei solchen Veranstaltungen leider so. Mich würde interessieren, nach welchen Kriterien die Experten dieser Runde zusammengestellt werden. Woher haben sie ihre bisherigen Erfahrungen gesammelt? Was können sie zur Problemlösung beitragen, wenn sie das Problem nur durch Dritte übermittelt bekommen? Aus meiner Sicht wäre es schon von Vorteil, wenn auch Leute vor Ort wären, die praktische Erfahrung haben und sich nicht nur über theoretische Dinge austauschen.

Ich möchte eigentlich nur darauf hinaus, dass dieses wirklich gute Hilfsmittel namens Nationale Plattform auch entsprechend genutzt werden sollte. Werden am Ende einer solchen Veranstaltung Aufträge verteilt und auch beim nächsten Treffen überprüft? Ansonsten macht es keinen Sinn. Denn es ist wirklich ein Leichtes, der Öffentlichkeit zu erzählen, welche phänomenalen Arbeitsergebnisse zusammengetragen wurden. Am Ende des Tages muss man sich aber an anderen Dingen messen lassen. Gibt es inzwischen mehr Verfahren in Deutschland bei den Ermittlungsbehörden? Diese Zahl ist messbar. Gibt es eine Aufklärungsquote? Kommt es zu Verurteilungen? Melden sich Sportler, um Sachverhalte anzuzeigen? Melden Sportvereine Vorfälle?

Da nutzt es nichts, wenn man eine Pressemitteilung herausgibt mit einem tollen Teilnehmerfoto und dem Hinweis »Geballte Macht gegen den

Sportbetrug«. Denn das Foto ist austauschbar und die Meldung meiner Meinung nach eine Worthülse. Soweit ich weiß, gibt es Veranstaltungen der Nationalen Plattform an zwei aufeinanderfolgenden Tagen. Ein Tag wird dazu genutzt, um »interne« Dinge der Ermittlungsbehörden zu besprechen, und an dem zweiten Tag nehmen auch Wettbetreiber, Mitglieder von Sportverbänden usw. teil. Ich würde mir ehrlich gesagt wünschen, dass es auch Druck von anderer Seite gibt, beispielsweise durch Sponsoren, die einen Haufen Geld investieren, um den Sport zu unterstützen. Ja, auch sie profitieren von der Werbung usw. Aber sie haben dennoch aus meiner Sicht ein Anrecht darauf, dass der Sport sauber geführt wird, denn schließlich erleiden auch diese Sponsoren einen erheblichen Verlust und Imageschaden, wenn sie im Zusammenhang mit manipulierten Spielen stehen. Also sollten diese Sponsoren – soweit sie ebenfalls Teilnehmer an der Nationalen Plattform sind – Forderungen zur Bekämpfung des Phänomens stellen können.

Die Teilnehmer müssen wissen, dass der Zug schon fast abgefahren ist. Unsere Ermittlungen begannen Ende 2008. Jetzt haben wir 2020, also zwölf Jahre später. Es wird Zeit, dass sich etwas bewegt. Fortwährende Ruhe und Gelassenheit nach dem Motto »In der Ruhe liegt die Kraft« helfen nicht weiter. Das ist vielleicht eine tolle menschliche Eigenschaft, aber irgendwann muss auch mal der nächste Schritt erfolgen. Mich lädt man zu solchen Veranstaltungen eher ungern ein. Oftmals befinden sich die Gastgeber in einem Zwiespalt. Auf der einen Seite können sie sich sicher sein, dass sie mit meinen Vorträgen auch professionelle, zielorientierte Ergebnisse präsentiert bekommen – allerdings gibt es für sie noch die andere Seite (von mir). Ich rede nicht gern um den heißen Brei herum. Und deshalb spreche ich auch vermeintlich unangenehme Dinge konkret an und weise auch auf Missstände hin.

Das führt dann oftmals zu einer Unruhe, weil sich Teilnehmer konkret angesprochen fühlen und sich quasi in einer Rechtfertigungssituation befinden. Und wenn sich die Anzahl der Teilnehmer häuft, die sich gestört fühlen, kann sich natürlich das Blatt schnell wenden, und ich stehe als störend, aufmüpfig, besserwisserisch da. Ein Journalist hat mal im »Spiegel« über mich geschrieben: »Bahrs ist streitbar, geradeaus, manchmal täte ihm wohl etwas diplomatisches Geschick gut.«[17] Das trifft es vielleicht auf den Punkt und ich werde mich jetzt nicht rechtfertigen. Aber ich möchte ganz klar aufzeigen, worum es mir geht.

Ich habe im Laufe meiner Dienstjahre etliche hochrangige Kriminelle der Organisierten Kriminalität vernommen und darf behaupten, in meinen Vernehmungen ein sehr solides Ergebnis erzielt zu haben. Wenn mir diplomatisches Geschick fehlen würde, hätte nicht ein einziger dieser Kriminellen auch nur länger als zehn Minuten mit mir gesprochen. Aber irgendwann muss man Dinge auch mal beim Namen nennen. Und wenn über die Jahre nur geredet und nicht gehandelt wird, dann sage ich das auch denen, die es nicht hören wollen. Schöner für so einen Teilnehmerkreis ist es natürlich, wenn alle auseinandergehen, ein schönes Mittagessen genießen konnten und entspannt nach Hause fahren. Niemand fühlt sich gestört, alle waren nett und freundlich zueinander, ein recht schöner Gedanke. Nur wurde das Ziel nicht erreicht, und von einem zufriedenstellenden Arbeitsergebnis ist man weiterhin meilenweit entfernt. Deshalb braucht man auch starke Führungskräfte, die sich nicht zu schade sind, auch mal den sprichwörtlichen Finger in die Wunde zu legen.

Ich kann nur noch einmal betonen, dass die Nationale Plattform *die* Chance ist, um etwas zu bewirken. Wenn auf diesem Niveau nichts erreicht werden kann – wo bitteschön dann?

Was kann man von den Wettanbietern erwarten?

In Deutschland gibt es den Staatsvertrag zum Glücksspielwesen. In § 1 sind die Ziele des Staatsvertrages definiert:

»1. das Entstehen von Glücksspielsucht und Wettsucht zu verhindern und die Voraussetzungen für eine wirksame Suchtbekämpfung zu schaffen,

2. das Glücksspielangebot zu begrenzen und den natürlichen Spieltrieb der Bevölkerung in geordnete und überwachte Bahnen zu lenken, insbesondere ein Ausweichen auf nicht erlaubte Glücksspiele zu verhindern,

3. den Jugend- und den Spielerschutz zu gewährleisten,

4. sicherzustellen, dass Glücksspiele ordnungsgemäß durchgeführt, die Spieler vor betrügerischen Machenschaften geschützt und die mit Glücksspielen verbundene Folge- und Begleitkriminalität abgewehrt werden.«[18]

Für mich als Ermittler sind die wirtschaftlichen Interessen der einzelnen Wettanbieter völlig egal. Was ich aber als zwingend erforderlich erachte, sind bestimmte Regelungen, die von den Wettanbietern zu beachten sind beziehungsweise wozu sie meiner Meinung nach verpflichtet werden müssten.

Zunächst einmal fällt immer wieder auf, dass Wettscheine der einzelnen Wettbüros nicht personalisiert sind. Zwar hat sich der Sportwettbetrugsparagraf dahingehend geändert, dass eine platzierte Wette nicht mehr zur Erfüllung der Tatbestände zwingend erforderlich ist, jedoch würde eine einfache Personalisierung zumindest eine kleine Schutzhürde einbauen. Natürlich bedienen sich die Kriminellen sogenannter Strohmänner (Runner), die für sie die einzelnen Wetten platzieren – allerdings müssten dann zumindest diese Mittäter ihre Personalien preisgeben, was für die polizeilichen Ermittlungen von Vorteil wäre. Soweit man mir sagte, wurde das etwa in Schweden eingeführt. Außerdem muss die Lizenzierung für Sportwettanbieter neu geregelt werden. Im Moment tummeln sich Wettanbieter in Deutschland, die ihren Firmensitz im Ausland haben. Dementsprechend gleichen Ermittlungsanfragen bei diesen Anbietern einem Abenteuer. Schon allein den Umstand, dass ich als Ermittler ein Rechtshilfeersuchen stellen muss, um meine Ermittlungen in Deutschland fortzuführen, halte ich für schlichtweg falsch.

Die Wettanbieter müssen dazu verpflichtet werden, einen Ansprechpartner in Deutschland zu haben, der im Rahmen der Geschäftszeiten auch telefonisch erreichbar ist. Bei Wettangeboten, die von Deutschland aus platziert werden, muss auch deutsches Recht Anwendung finden.

Dieser Umstand müsste sich meiner Meinung nach auch auf andere Unternehmen beziehen, die ihre Leistungen in Deutschland anbieten, wie zum Beispiel Skype, Amazon, Facebook usw. Es kann nicht sein, dass den Ermittlern eine reibungslose Strafverfolgung verwehrt wird.

Bisher habe ich es so erlebt, dass ich verschiedene Wettanbieter per Mail anschreiben musste, um zunächst einmal einen adäquaten Ansprechpartner im Rahmen der Strafverfolgung herauszufinden. Dabei wurde mir bereits in der ersten Mail zu verstehen gegeben, dass ich den kompletten Sachverhalt (Personen, um die es geht, Grund der Anfrage) benennen muss, damit ich an eine entsprechende Stelle weitergeleitet werde. Das hat mit einer seriösen und vor allem geheimen (insbesondere im Sinne des Datenschutzes) Anfrage nichts zu tun. Denn ich weiß noch nicht einmal, wer der Empfänger meiner ersten Nachricht ist. Zudem kann ich überhaupt nicht beurteilen, an wen diese Mail (auch noch) gesteuert wird. Wenn ich dann im Rahmen meiner Möglichkeiten und meiner Entscheidung einige Daten benenne, bekomme ich häufig die Antwort, dass sich eine entsprechende Stelle dieser Anfrage annimmt. Oftmals bekomme ich danach keine weitere Antwort, sodass ich erneut anfragen müsste. Das ist aus meiner Sicht völlig unannehmbar.

Die Schaffung einer transparent agierenden Sicherheitsabteilung bei den einzelnen Wettanbietern ist unumgänglich. Die Anbieter ziehen sich darauf zurück, dass sie den Schutz ihrer Kunden in den Vordergrund stellen. Das soll auch so sein. Allerdings ist dieses vermeintliche Argument der Wettanbieter erst dann zielführend, wenn die Ermittlungsbehörden in der Lage sind, die kriminellen Kunden zu sanktionieren. Wenn die Wettanbieter in Kauf nehmen, dass die Kriminellen im Schutze ihrer Anonymität weiter ungehindert agieren können, halte ich das Argument »Schutz des Kunden« für ad absurdum geführt.

In Deutschland dürfen Jugendliche nicht wetten. Dennoch scheinen der Schutz oder die Schranken so dürftig zu sein, dass es in fast jeder Jugendmannschaft, mit der ich es zu tun hatte, Jugendliche gab, die problemlos Wetten platzieren konnten. Oftmals nutzten sie dazu ihr Mobiltelefon. Wahrscheinlich gaben sie bei der Registrierung Daten älterer Geschwister oder

Freunde an. Da stellt sich die Frage, ob es weiterhin hinnehmbar ist, dass auf diese Art und Weise Wetten platziert werden können. Wahrscheinlich hält man mir nun die wirtschaftlichen Interessen der Wettanbieter vor, die natürlich nicht freiwillig auf Gewinne verzichten werden. Deutsche Wettkunden haben im Jahr 2019 rund 9,3 Milliarden Euro an Wetteinsätzen getätigt. Damit ist der Sportwettenmarkt im Vergleich zum Vorjahr wieder um 21 Prozent gewachsen – in einem Jahr ohne Fußball-WM oder -EM.[19] Die Frage ist nur, zu welchem Preis?

Was erwarte ich von den Fußballverbänden ?

Zunächst einmal könnte man mich kritisch fragen, warum ich mich in die Strukturen oder Maßnahmen der Fußballverbände einmische. Das ist doch deren Sache und hat mich nicht zu interessieren. Bedingt stimmt das natürlich. Doch wenn die Fußballverbände zum einen meine Hilfe bei der Strafverfolgung in Anspruch nehmen (wollen), dann erwarte ich auch volle Unterstützung. Wenn die Geschädigten eines Wohnungseinbruchs die Polizei verständigen, um den Sachverhalt anzuzeigen, und bei jeder Frage zum Geschehen dem Beamten entgegnen: »Sag ich nicht, ist doch nicht meine Aufgabe, den Ganoven zu schnappen«, dann kann man das so machen, darf sich aber nicht wundern, wenn nach wenigen Wochen der Brief der Staatsanwaltschaft eintrudelt, dass die Ermittlungen ins Leere gelaufen sind und eingestellt werden. Vielleicht schreien jetzt einige auf und sagen, so einen Brief habe ich auch schon bekommen, obwohl ich der Polizei geholfen habe. Ja, das stimmt. Es läuft nicht alles perfekt.

Ich möchte nur zum Ausdruck bringen, dass man schon an einem Strang ziehen muss, um den bestmöglichen Erfolg erzielen zu können. Somit haben die Fußballverbände aus meiner Sicht eine sehr hohe eigene Verantwortung. Dieser kommen sie aus meiner Sicht nur sehr eingeschränkt nach. In etlichen Gesprächen und Diskussionen mit den Verantwortlichen der Fußballverbände, DFB, UEFA, nach der Ära Ralf Mutschke auch FIFA war es eigentlich immer gleich. Man zählte Maßnahmen auf, die im Kampf gegen Matchfixing getroffen werden, erklärte, wie sehr man das Problem erkannt habe, und vermittelte das Gefühl, zusammen mit den Ermittlungsbehörden an einem Strang zu ziehen. Doch im Endeffekt wird immer nur auf die Polizei verwiesen, die für die Strafverfolgung zuständig sei. »Wir sind keine Ermittlungsbehörde und verfügen nicht über die Möglichkeiten, Straftaten aufzuklären«, musste ich mir immer wieder anhören.

Der DFB hat sportrechtlich alle Kompetenzen, um in eigener Zuständigkeit Fußballspieler, Trainer, Verantwortliche im Verdachtsfalle zu vernehmen. Diese Vernehmungen sollten natürlich so ausgelegt sein, dass man zumindest versucht, den Sachverhalt zu erörtern, mit dem Ziel, mögliche Verbindungen der Fußballspieler untereinander herauszufinden. Und Spiele, auf die gewettet wurde, Beträge, die gesetzt wurden, und vieles mehr. Das macht man aber nicht. Man gibt dem Betroffenen die Möglichkeit, sich über einen Rechtsbeistand zu äußern und fertig. Selbst wenn Hinweise aus diesen Einlassungen weitere Fragen aufwerfen, unternimmt der DFB nichts. Ganz im Gegenteil. Es entsteht der Eindruck, dass keine weiteren Fälle bekannt werden (sollen).

Eventuell wird der Spieler für ein paar Spiele gesperrt, und weiter geht es. Der Spieler kann dann genau dort weitermachen, wo er aufgehört hat. Oder er muss sogar da weitermachen. Denn die Kriminellen werden definitiv auf keine Einnahmequelle verzichten. Mögliche weitere Spieler, die mit dem Betroffenen zusammenarbeiten, werden erst gar nicht ausfindig gemacht. Das kriminelle Netzwerk kann sich also immer weiter ausbreiten.

Sollte diesen Part der Vernehmung jetzt die Polizei übernehmen? Zunächst einmal doch wohl nicht. Denn hier ist die Integrität des Sports berührt und diese fällt einzig und allein in den Bereich der Fußballverbände. Zudem ist es ja auch so, dass die vom DFB als verdächtig eingestuften Spiele zum Teil überhaupt keinen strafrechtlichen Anfangsverdacht begründen. Wenn zum Beispiel das beauftragte Unternehmen Genius Sports zu dem Ergebnis kommt, dass ungewöhnliche Wettplatzierungen bei einer Begegnung festgestellt wurden, dann heißt das noch lange nicht, dass der Verdacht einer Straftat vorliegt. Also sollten die ersten sportrechtlichen Ermittlungen doch von den Sportverbänden ausgehen. Und das sollte natürlich so passieren, dass man auch gewillt ist, mit möglichen »bösen Überraschungen« konfrontiert zu werden. Zu sagen, wir schicken das verdächtige Spiel zur Polizei und die macht dann schon und wir können sagen, wir haben ja alles gemacht, ist nichts wert.

Der DFB verfügt über eine eigene Rechtsabteilung, über Justiziare und über kompetente Hilfsmittel im sportrechtlichen Kampf gegen Spielmanipulation. Warum werden diese Instanzen nicht auch entsprechend professionell genutzt? Das elementarste Werkzeug gegen Kriminelle ist eine gut aufgestellte Ermittlungsbasis. Dazu zählt absolut die Zusammenarbeit der Fußballverbände mit den Ermittlungsbehörden. Fällt ein Teil aus, hat man das Spiel verloren. Und leider habe ich das Gefühl, dass die Angst vor dem großen Knall die Verbände zur Zurückhaltung bewegt. Der Spieler, der im Fokus der sportrechtlichen Ermittlungen steht, ist nicht immer ein abgezockter Ganove. Oftmals ist die Situation für den sportlichen Übeltäter extrem unangenehm: Er weiß, dass er Mist gemacht hat, er befürchtet, dass er seine Fußballkarriere an den Nagel hängen kann, er muss möglicherweise seinen Eltern und Freunden erklären, warum er plötzlich nicht mehr Vereinsangehöriger ist usw. Das heißt, die Situation, um an Informationen zu kommen, ist aus meiner Sicht alles andere als schlecht. Aber der DFB dreht den Spieß komplett um und fragt mich stattdessen: »Was glauben Sie, was die Spieler uns erzählen?« Diese Diskussion führe ich seit Jahren mit den Verantwortlichen. Was glaubt der DFB denn, was die Spieler denken, wenn es jedes Mal ausreicht, eine Einlassung abzugeben, ohne sich weiteren Fragen stellen zu müssen?

Auch hierbei entgegnet man mir, dass es das gute Recht sei, sich als betroffener Spieler so zu verhalten. Ja, das stimmt. Aber in Deutschland braucht auch jeder Beschuldigte bei der Polizei keine Angaben zu machen. Er kann schweigen. Warum erlebe ich es in jedem, und das betone ich, in jedem Verfahren, dass ich über Wochen und Monate ein und dieselbe Person zum Sachverhalt vernehme? Der Beschuldigte braucht doch nichts zu erzählen. Ich kann mich immer wieder mit dem Minimalsten zufriedengeben und darauf verweisen, dass das doch rechtlich so in Ordnung sei. Dann muss ich aber auch mit dem minimalsten Ergebnis leben. Und das möchte der DFB ja angeblich nicht. Sondern die Gefahr ist öffentlich als bekannt erklärt worden. Also sage ich hier ganz klar, der DFB und die dazugehörigen Fußballverbände müssen ihre sportrechtlichen Aufgaben auch ernsthaft wahrnehmen. Dazu müssten sie entsprechende professionelle Vernehmungen im Rahmen des Sportrechts durchführen, sie müssten im Verdachtsfall Kontakt zu den Vereinen aufnehmen, um das Problem dort ebenfalls zu erörtern.

Das Delegieren an den untergeordneten Fußballverband kann ja ruhig beibehalten werden, jedoch mit einer abschließenden Kontrollfunktion durch den DFB. Es darf nicht sein, dass die Landes- und Regionalverbände in eigener Zuständigkeit handeln müssen, die Hilfsmittel – wie zum Beispiel Analysen durch Genius Sports – bleiben ihnen aber vorenthalten. Ebenso wenig ist es hinnehmbar, dass es nur einer kurzen Rückmeldung an den DFB bedarf, ohne zu erörtern, ob weitere Maßnahmen erforderlich sind. Denn wie bereits erwähnt: Die Verantwortlichen der Landes- und Regionalverbände mit denen ich es zu tun hatte, haben mir erklärt, dass sie aufgrund der mangelnden Unterstützung durch die betroffenen Vereine nichts unternehmen. Also muss sich diese Situation aus meiner Sicht verbessern.

Der DFB brüstet sich mit der Installation des Ombudsmanns. Auch hier kann ich nur sagen, dass jede Maßnahme, die im Kampf gegen die Manipulierer ergriffen wird, willkommen ist. Aber es reicht nun mal nicht aus, wenn man einen wildfremden Ansprechpartner installiert und darauf hofft, dass sich die betroffenen Spieler bei ihm melden werden. Der Ombudsmann kann doch nur der Verbindungsmann der Vereine oder Landes- und Regionalverbände sein. Die Vereine selbst müssten eine Art Ombudsmann oder Vertrauensmann installieren. Der Spieler wird sich nur an einen Vertrauten wenden. Deshalb sollten aus meiner Sicht auch hier organisatorische Maßnahmen ergriffen werden, die kontrollierbar sind.

Über diese Personen des Vereins sollten auch Beschulungen zum Thema Matchfixing, Doping, Rassismus erfolgen. Und zwar nicht als lästige Pflicht, schnell zwischen zwei Trainingseinheiten, sondern verpflichtend an einem Tag. Diese strukturellen Maßnahmen fruchten natürlich erst mit den

Jahren. Es ist ein Erziehungseffekt, der sich einstellen muss. Wertevermittlung, darum geht es. Doch wenn ich nur oberflächliche Dinge durchführe, kann ich sie zwar auf Nachfrage als Maßnahme anführen, inhaltlich ist diese Maßnahme aber leer. Somit muss halt in Personal investiert werden. Klar, es steht mir nicht zu, die Personalpolitik der Fußballverbände in die Hand zu nehmen. Sie können sich ja auch weiterhin die Ohren zuhalten, wenn ich etwas sage, aber trotzdem führe ich diese Vorschläge an, denn schlussendlich habe auch ich mit den Konsequenzen der steigenden Zahlen an verdächtigen Fußballspielen zu tun, denn auch ich muss diese professionell bearbeiten und möchte meine Arbeit eigentlich immer erfolgreich zu Ende führen.

Der DFB und die Landes- und Regionalverbände sollten die Eltern der Fußballspieler in vielen Dingen miteinbeziehen. Man erlebt es doch Woche für Woche auf den Sportplätzen: Meist sind es die Eltern der angehenden »Stars«, die sich in Maßnahmen des Trainers einmischen, es besser wissen, an der Taktik nörgeln und 90 Minuten lang lauthals an der Seitenlinie Anweisungen erteilen. Diese Eltern muss man mit in die Verantwortung nehmen. Sie sollten bei Schulungen dabei sein. Gemeinsam ist es einfacher, über das Problem zu sprechen oder zunächst einmal zu erklären, dass es ein Problem gibt. Ich hatte schon erzählt, dass ich in etlichen Wohnzimmern von Eltern der betroffenen Spieler gesessen habe. Und jedes Mal ist eine Welt zusammengebrochen. Weil die Eltern überhaupt keine Ahnung hatten, welche Gefahr rund um den Fußballplatz lauert.

In der Satzung des DFB heißt es in § 4 zu Zweck und Aufgabe:

»Zweck des DFB ist die Förderung des Sports.
Dieser Satzungszweck wird verwirklicht insbesondere durch:
1. die nachhaltige Führung und Organisation des Spielbetriebs. Im Vordergrund steht dabei,
a) den Fußballsport und seine Entwicklung, vor allem in seinem Jugendbereich, zu fördern und durch fußballspezifische sowie überfachliche Qualifizierung zu sichern (...).« [20]

Schon allein diese wenigen Zeilen der 56seitigen Satzung des DFB bringen es auf den Punkt: Der Jugendbereich soll gefördert werden. Dazu zählen aber aus meiner Sicht nicht nur fußballerische Schulungen, sondern auch Aufklärung über Gefahren, die der Sport nun einmal mit sich bringt und die in der Verantwortung des DFB stehen.

Und deshalb muss doch gerade hier etwas geschaffen werden, das nachhaltig ist. Auch »gestandene« Fußballspieler jenseits des 25. Lebensjahrs, die sich womöglich auf Manipulationen einlassen könnten, müssen natürlich entsprechend geschult und informiert werden. Allerdings ist es weitaus schwieriger, fertig entwickelte Persönlichkeiten zu verändern, als die Chance zu nutzen, schon an der Basis entsprechende Strukturen und erzieherische Maßnahmen zu installieren.

Das würde aus meiner Sicht zukunftsorientiert etwas bringen. Viele der Vereinsspieler haben eine Vision. Als Kind und Jugendlicher eifert man seinen Idolen nach. Man möchte so sein wie sie. Also schließt man sich einem Verein an. Kein Kind und kein Jugendlicher wird sich im Alter von fünf oder zehn Jahren einem Fußballverein anschließen, weil er sagt, hier kann ich bald das große Geld durch Manipulationen machen. Das wäre ja irre. Aber genau dieser Umstand, dass die Ziele dieser Kinder und Jugendlichen tatsächlich ehrbare Ziele sind, macht es den Verantwortlichen doch einfacher, hier schon mal alles in die richtigen Bahnen zu lenken.

Ein weiteres Thema, welches sich der DFB nicht nur sporadisch auf die Fahne schreiben sollte, ist das Thema Sucht. Viele der von mir vernommenen und befragten Fußballspieler sprachen von Spielsucht. Thomas Cichon tat dies ebenfalls. Aber auch schon Jugendspieler erzählten davon, dass sie regelmäßig Wetten platzieren. Ich bin weder Mediziner noch Suchtexperte. Allerdings ist Dr. Jens Kalke vom Institut für interdisziplinäre Sucht- und Drogenforschung (ISD) ein solcher Experte. Ich lernte ihn ebenfalls im Rahmen meiner Ermittlungen kennen und schätzen. Laut Dr. Kalke gibt es Risikofaktoren, warum Fußballprofis so anfällig für Wetten sind. »Eine Rolle spielen die Nähe und Affinität zum sportlichen Wettbewerb. Verlieren und Gewinnen gehören zum alltäglichen Geschäft«, erklärt Dr. Kalke.

Er erzählte mir davon, wie er selbst bei einigen Bundesligavereinen Schulungen und Umfragen zum Thema Sucht durchführt. »Zudem glauben Fußballprofis, dass sie über Fachwissen verfügen. Die betroffenen Spieler denken einfach, dass sie sich überdurchschnittlich gut auskennen und über das Geschehen in sämtlichen Ligen bestens informiert sind.« Ähnlich hatte es ja auch Thomas Cichon berichtet. Interessant in diesem Zusammenhang sind auch die Daten, die Dr. Kalke bei seinen Schulungen in den Nachwuchsmannschaften erhoben hat. »32 Prozent der Jugendspieler spielen zumindest einmal im Monat ein Glücksspiel um Geld und 19 Prozent schließen mindestens einmal im Monat eine Sportwette ab.« Erschreckend finde ich diese Zahlen, weil Glücksspiel für Jugendliche verboten ist. Wenn die Fußballverbände doch darüber informiert sind, dass zur Risikogruppe der Spielsüchtigen auch die Fußballspieler zählen, wäre es dann nicht eigentlich im Sinne aller denkbar, dass man beispielsweise auf Sponsoren aus dem Glücksspielbereich verzichtet? Haben die Vereine nicht sogar eine Vorbildfunktion? Und warum gibt es eigentlich keine Kampagne mit (ehemaligen) hochrangigen Fußballprofis »Gegen Matchfixing«?

Ich kenne Oliver Kahn und Lukas Podolski aus der Werbung *für* das Abschließen einer Wette. Aber mir ist kein Profi bekannt, der sich hinstellt und sich dagegen engagiert. Viele Vereine sind abhängig von ihren Sponsoren. Einen Manager eines aktuellen Zweitligisten habe ich mal gefragt, warum man nicht darauf verzichtet – ja, auch in dem Wissen, vielleicht einen etwas weniger lukrativen Sponsor zu finden. »Da ist uns das eigene Hemd näher als die Hose.« Trotz aller moralischen Bedenken überwiegt das finanzielle Argument offensichtlich. Man kann nicht von Vorbildfunktion sprechen, wenn diese Funktion bei finanziellen Fragen nach hinten geschoben wird. Was nützen dann Beschulungen und Hinweise über die Gefahren, wenn man andererseits den Jugendlichen täglich die Möglichkeiten und den großen Nutzen in Form eines Wettgewinns in Aussicht stellt?

Wie geht es jetzt weiter?

Ich kann nur hoffen, dass der Fokus auf der Bekämpfung der Organisierten Kriminalität im Bereich der Spielmanipulation erhalten bleibt. Ich hoffe, dass die Nationale Plattform des Bundesministeriums des Inneren hochmotiviert Lösungen erarbeitet und die Ermittlungsbehörden der einzelnen Bundesländer, aber auch die Landeskriminalämter und das Bundeskriminalamt mit in die Pflicht nimmt im Kampf gegen die Organisierte Kriminalität. Ich hoffe, dass die Fußballverbände ihre derzeitige Sichtweise noch einmal überdenken und die eigentlich vorhandenen Möglichkeiten im Sinne der Aufklärung nutzen und nicht die Augen vor dem Problem verschließen. Ich hoffe, dass die erzieherischen Maßnahmen in den Nachwuchsleistungszentren Unterstützung finden. Und ich würde mir wünschen, dass es eine zentrale Ermittlungskommission für die Bekämpfung des Sportwettbetrugs im Zusammenhang mit einer Generalstaatsanwaltschaft geben wird.

Das Thema Spielmanipulation im Sport ist allgegenwärtig. Die Organisierte Kriminalität ist gesellschaftlich so tief verankert, dass Sieger von Fußballspielen schon längst nicht immer durch ein faires sportliches Messen ermittelt werden – bis hin zu WM-Qualifikationsspielen. Wir, die Gesellschaft, können das so hinnehmen und das Problem verharmlosen oder uns anderen Dingen widmen und nehmen in Kauf, dass eine der schönsten Nebensachen der Welt am Ende zum Spielball von Kriminellen wird. Oder wir stellen uns dem Problem, finden gemeinsam einen Weg, den Kampf anzunehmen, und sind bereit, auch unpopuläre Maßnahmen zu ergreifen.

Dann werden wir zwar keine heile Welt erschaffen – aber wir werden das Verbrechen am Fußball effektiv bekämpfen.

Anmerkungen

1 Das sogenannte »Project Trophy«, bei dem Infantino ein Rechtspaket an ungenannte asiatische und arabische Investoren verkaufen wollte; siehe etwa https://www.sueddeutsche.de/sport/fifa-infantino-uefa-milliarden-deal-1.4254072, zuletzt abgerufen am 05.05.2020.

2 https://www.dfb.de/verbandsstruktur/partner-des-dfb/bwin/, zuletzt abgerufen am 05.05.2020

3 Zitiert nach https://www.forschung-und-wissen.de/nachrichten/sonstiges/die-deutschen-lieben-sportwetten-13372749 und https://www.sueddeutsche.de/wirtschaft/sportwetten-deutschland-legal-1.4782648; beide Quellen zuletzt abgerufen am 05.05.2020.

4 https://polizei.nrw/artikel/organisation-der-polizei-nrw, zuletzt abgerufen am 05.05.2020.

5 Die Junioren-Bundesliga ist die höchste deutsche Spielklasse für U-19 Fußballmannschaften. Seit 2003/2004 gibt es eine dreigeteilte Junioren-Bundesliga mit den Staffeln Nord/Nordost, Süd/Südwest und West mit jeweils 14 Mannschaften.

6 Zahlen von 2019. Zitiert nach https://www.laenderdaten.info/lebenshaltungskosten.php, letzter Abruf am 05.05.2020.

7 https://www.dfb.de/fileadmin/_dfbdam/sportradarend-1_01.pdf, zuletzt abgerufen am 07.05.2020

8 https://www.finanzen.net/nachricht/aktien/euro-am-sonntag-exklusiv-sportradar-chef-koerl-der-vermesser-des-globalen-spitzensports-6139905, zuletzt abgerufen am 07.05.2020

9 https://www.dfb.de/news/detail/genius-sports-limited-neuer-partner-gegen-spielmanipulation-205551/, zuletzt abgerufen am 07.05.2020

10 https://www.theguardian.com/football/2020/jan/21/osasuna-match-fixing-spain-court-la-liga, zuletzt abgerufen am 07.05.2020

11 https://www.coe.int/de/web/conventions/full-list/-/conventions/treaty/215, zuletzt abgerufen am 20.05.2020

12 www.gemeinsam-gegen-spielmanipulation.de

13 Diese Vorgänge waren nicht Gegenstand polizeilicher Ermittlungen in Deutschland, den Wahrheitsgehalt dieser Aussage kann ich also nicht bewerten. Allerdings wurde der griechische Klub in Presseberichten mit Manipulationen in Zusammenhang gebracht: https://www.tagesspiegel.de/sport/die-andere-mannschaft-wird-gewinnen/593278.html, Bericht vom 16.03.2005, zuletzt abgerufen am 29.05.2020.

14 https://www.gemeinsam-gegen-spielmanipulation.de/de/, zuletzt abgerufen am 07.05.2020

15 https://www.bka.de/DE/DasBKA/GesetzlicherAuftrag/gesetzlicherauftrag_node.html, zuletzt abgerufen am 19.05.2020

16 https://www.bmi.bund.de/SharedDocs/kurzmeldungen/DE/2019/06/nationale-plattform-sport-manipulation.html, zuletzt abgerufen am 19.05.2020.

17 Rafael Buschmann, Drecksarbeit im Revier, in: Der Spiegel, Ausgabe Nr. 28 vom 4. Juli 2015, S. 102-104.

18 Staatsvertrag zum Glücksspielwesen in Deutschland (Glücksspielstaatsvertrag – GlüStV), zitiert nach: https://recht.nrw.de/lmi/owa/br_vbl_show_pdf?p_id=10742, zuletzt abgerufen am 19.05.2020.

19 Deutscher Sportwettenverband: Sportwettenmarkt in Deutschland bricht Umsatzrekorde, https://dswv.de/sportwettenmarkt-in-deutschland-bricht-umsatzrekorde/, zuletzt abgerufen am 19.05.2020.

20 https://www.dfb.de/fileadmin/_dfbdam/216691-02_Satzung.pdf, zuletzt abgerufen am 19.05.2020.

Danksagungen

von Michael Bahrs

Bei den Ermittlungen zu Spielmanipulationen im Profisport begegne ich seit mehr als zehn Jahren immer wieder neuen interessanten Menschen. Jeder bringt seine eigene Geschichte mit. Von jeder Begegnung kann ich lernen und Erkenntnisse gewinnen. Diese Menschen hier alle aufzuführen ist unmöglich, und trotzdem bin ich ihnen sehr dankbar.

Darüber hinaus gibt es Menschen an meiner Seite, die für mich etwas Besonderes sind, weil sie mich bewusst unterstützt haben, weil ich mich auf sie verlassen kann und weil sie mir die Kraft geben, den Kampf gegen das Verbrechen weiter zu kämpfen. Sie habe ich hinter mir, und deshalb möchte ich sie an dieser Stelle namentlich erwähnen. Jeder und jedem Einzelnen von ihnen gilt mein besonderer Dank:

Yvonne (meine Ehefrau und größter Rückhalt), Oma und Opa (Danke für alles), meinen Eltern, meinen Geschwistern Miriam, Marcel und Familie, meinen Schwiegereltern (Ewald & Helga), Ole, Camilla, Kirsten und Rene (Løgstør venner), Mette A. (Arhus, mange tak), Andreas B., Thomas C., Declan H. (thanx for all), Benni H., Mitja J. (great work together), Jeppe & Charlotte (held og lykke), Steve M., Ralf und Sabine M. und Familie, Gareth N.-D. (BBC), Oliver Sch., Janne S. (min vän, Norrköping), Magnus S. (Göteborg), Jens L. (IFK), Guido v. G., Signe D., Bart W., Zai Y., Amy Stine (det bedste af alt), Conni Klüter (Foto, Leck, Schleswig-Holstein), Alex D. (Schwede), Alberto G. (Grazie mille, amico mio – Bozen).

Vielen Dank!!

© 2020 by Koehler
Im Maximilian Verlag GmbH & Co. KG
Ein Unternehmen der **TAMM**MEDIA
Alle Rechte vorbehalten.

Titelfoto: shutterstock
Foto S. 124: Ralf Mutschke Privatarchiv
Klappenfoto Michael Bahrs: Conni Klüter
Klappenfoto Benjamin Best: Jörg Mette
Alle anderen Fotos: Michael Bahrs Privatarchiv

Redaktionelle Mitarbeit: Norbert Lewandowski

ISBN 978-3-7822-1360-8

Ein Gesamtverzeichnis der lieferbaren Titel schicken
wir Ihnen gerne zu. Bitte senden Sie eine E-Mail
mit Ihrer Adresse an vertrieb@koehler-books.de
Sie finden uns auch im Internet unter
www.koehler-books.de

Bibliografische Information der Deutschen
Nationalbibliothek
Die Deutsche Nationalbibliothek verzeichnet
diese Publikation in der Deutschen Nationalbibliografie;
detaillierte bibliografische Daten sind im Internet
über https://portal.dnb.de/ abrufbar.

Gestaltung: Sarah Winter
Cover Design: Fred Münzmaier

Printed in Europe